Otto von Bismarck

Ich sehe so viel Schönes, leider ohne Dich

Briefe an Johanna

Auswahl und Nachwort
von Jürgen Teller

Insel Verlag

Erste Auflage 1998
© Insel Verlag Frankfurt am Main und Leipzig 1998
Alle Rechte vorbehalten
Bezugspapier: Buntpapier, Lithographie, 1898
Actiengesellschaft für Buntpapier- und Leimfabrikation, Aschaffenburg
Deutsches Buch- und Schriftmuseum der Deutschen Bücherei Leipzig
Inventar-Nr. Be 242, [7] (Sammlung Bartsch)
Satz: Hümmer GmbH, Waldbüttelbrunn
Schrift: Mono-Baskerville
Druck: Nomos Verlagsgesellschaft, Baden-Baden
Printed in Germany
ISBN 3-458-19185-2

»Ich habe ein schlechtes Gewissen,
daß ich so vieles Schöne ohne Dich sehe.«

An Johanna von Bismarck, 4. August 1862

An Robert von Puttkamer

⟨Stettin, Ende Dezember 1846⟩

Verehrtester Herr von Puttkamer

Ich beginne dieses Schreiben damit, daß ich Ihnen von vorn herein seinen Inhalt bezeichne; es ist eine Bitte um das Höchste, was Sie auf dieser Welt zu vergeben haben, um die Hand Ihrer Fräulein Tochter. Ich verhehle mir nicht, daß ich dreist erscheine, wenn ich, der ich erst neuerlich, und durch sparsame Begegnungen Ihnen bekannt geworden bin, den stärksten Beweis von Vertrauen beanspruche, den Sie einem Manne geben können. Ich weiß aber, daß ich, auch abgesehn von allen Hindernissen in Raum und Zeit, welche Ihnen die Bildung eines Urteils über mich erschweren können, durch mich selbst niemals im Stande sein kann, Ihnen solche Bürgschaften für die Zukunft zu geben, daß sie den Einsatz eines so teuren Pfandes von Ihrer Seite rechtfertigen würden, wenn Sie nicht durch Vertrauen auf Gott das ergänzen, was das Vertrauen auf Menschen nicht leisten kann. Was ich selbst dazu tun kann, beschränkt sich darauf, daß ich Ihnen mit rückhaltloser Offenheit über mich selbst Auskunft gebe, soweit ich mir selber klar geworden bin. Über mein äußerliches Auftreten wird es Ihnen leicht sein, Nachrichten durch Andre zu erhalten; ich begnüge mich daher mit einer Darstellung meines innern Lebens, welches jenem zu Grunde lag, und besonders meines Standpunktes zum Christentum. Ich muß dazu weit ausholen. Ich bin meinem elterlichen Hause in frühster Kindheit fremd, und nie wieder völlig darin heimisch geworden, und meine Erziehung wurde von Hause her aus dem Gesichtspunkt geleitet, daß alles der Ausbildung des Verstandes und dem frühzeitigen Erwerb positiver Kenntnisse untergeordnet blieb. Nach einem unregelmäßig besuchten und unverstandenen Religionsunterricht, hatte ich bei meiner Einsegnung durch Schleiermacher, an meinem 16ten Geburtstage, keinen andern Glauben, als einen nackten Deismus, der nicht lange ohne pantheistische Beimischungen blieb. Es war ungefähr um diese Zeit, daß ich, nicht aus Gleichgültigkeit, sondern in Folge reiflicher Überlegung aufhörte, jeden Abend, wie ich von Kindheit her gewohnt gewesen war, zu beten, weil mir das Gebet mit meiner Ansicht von dem Wesen Gottes in Widerspruch zu stehn schien, indem ich mir sagte, daß entweder Gott selbst, nach seiner Allgegenwart, Alles, also auch jeden meiner Gedanken und Willen, hervorbringe, und so gewissermaßen durch mich zu Sich Selbst bete, oder daß, wenn mein Wille ein von dem Gottes unabhängiger sei, es eine Vermessenheit enthalte, und einen Zweifel an der Unwandelbarkeit, also auch an der Vollkommenheit, des göttlichen Ratschlusses, wenn man glaube, durch menschliche Bitten darauf Einfluß zu üben. Noch nicht voll 17 Jahr alt ging ich zur Universität nach Göttingen. In den nächsten 8 Jahren sah ich mein elterliches Haus selten; mein Vater ließ mich nachsichtig gewähren, meine Mutter tadelte mich aus der Ferne, wenn ich meine Studien und Berufsarbeiten vernachlässigte, wohl in der Meinung, daß sie das Übrige höherer Führung überlassen müsse. Sonst blieben mir Rat und Lehre Andrer buchstäblich fern. Wenn mich in dieser Periode Studien, die mich der Ehrgeiz zu Zeiten mit Eifer treiben ließ, oder Leere und Überdruß, die unvermeidlichen Begleiter meines Treibens, dem Ernst des Lebens und der Ewigkeit näherten, so waren es Philosophien des Altertums, unverstandene Hegelsche Schriften, und vor Allem Spinoza's anscheinend mathematische Klarheit, in denen ich Beruhigung über das suchte, was menschlichem Verstande nicht faßlich ist. Zu anhaltendem Nachdenken hierüber wurde ich aber erst durch die Einsamkeit gebracht, als ich nach dem Tode meiner Mutter, vor 6 bis 7 Jahren, nach Kniephof zog. Wenn hier anfangs meine Ansichten sich nicht erheblich änderten, so fing doch bald die innre Stimme an, in der Einsamkeit hörbarer zu werden, und mir manches als Unrecht darzustellen, was ich früher für erlaubt gehalten hatte. Immer indes blieb mein Streben nach Erkenntnis in den Zirkel des Verstandes gebannt, und führte mich, unter Lesung von Schriften wie die von Strauß, Feuerbach, Bruno Bauer, nur tiefer in die Sackgasse des Zweifels. Es stellte sich bei mir fest, daß Gott dem Menschen die Möglichkeit der Erkenntnis versagt habe, daß es Anmaßung sei, wenn man den Willen und die Pläne des Herrn der Welt zu kennen behaupte, daß der Mensch in Ergebenheit erwarten müsse, wie sein Schöpfer im Tode über ihn bestimmen werde, und daß uns auf Erden der Wille Gottes nicht anders kund werde, als durch das Gewissen, welches er uns als Fühlhorn durch das Dunkel der Welt mitgegeben habe. Daß ich bei diesem Glauben nicht Frieden fand, brauche ich nicht zu sagen; ich habe manche Stunde trostloser Niedergeschlagenheit mit dem Gedanken zugebracht, daß mein und andrer Menschen Dasein zwecklos und unersprießlich sei, vielleicht nur ein beiläufiger Ausfluß der Schöpfung, der entsteht und vergeht, wie Staub vom Rollen der Räder.

Etwa vor 4 Jahren kam ich, seit meiner Schulzeit zuerst wieder, in nähere Berührung mit Moritz Blanckenburg, und fand an ihm, was ich bis dahin im Leben nicht gehabt hatte, einen Freund; aber der warme Eifer seiner Liebe suchte vergeblich mir durch Überredung und Disputation das zu geben, was mir fehlte, den Glauben. Durch Moritz wurde ich indes mit dem Triglafer Hause und dessen weiterem Kreise bekannt, und fand darin Leute, vor denen ich mich schämte, daß ich mit der dürftigen Leuchte meines Verstandes Dinge hatte untersuchen wollen, welche so überlegne Geister mit kindlichem Glauben für wahr und für heilig annahmen. Ich sah, daß die Angehörigen dieses Kreises, in ihren äußern Werken, fast durchgehends Vorbilder dessen waren, was ich zu sein wünschte. Daß Zuversicht und Friede bei ihnen wohnte, war mir nicht überraschend; denn daß diese Begleiter des Glaubens seien, hatte ich nie bezweifelt, aber der Glaube läßt sich nicht geben und nehmen, und ich meinte, in Ergebung abwarten zu müssen, ob er mir werden würde. Ich fühlte mich bald heimisch in jenem Kreise und empfand ein Wohlsein, wie es mir bisher fremd gewesen war, ein Familienleben, das mich einschloß, fast eine Heimat. –

Ich wurde inzwischen von Ereignissen berührt, bei denen ich nicht handelnd beteiligt war, und die ich als Geheimnisse Andrer nicht mitteilen darf, die aber erschütternd auf mich wirkten. Ihr faktisches Resultat war, daß das Bewußtsein der Flachheit und des Unwertes meiner Lebensrichtung in mir lebendiger wurde als je. Durch Rat Andrer wie durch eignen Trieb wurde ich darauf hingeführt, konsequenter und mit entschiedner Gefangenhaltung einstweilen des eignen Urteils, in der Schrift zu lesen. Was in mir sich regte, gewann Leben, als sich bei der Nachricht von dem tödlichen Erkranken unsrer verstorbenen Freundin in Cardemin das erste inbrünstige Gebet, ohne Grübeln über die Vernünftigkeit desselben, von meinem Herzen losriß. Gott hat mein damaliges Gebet nicht erhört, aber er hat es auch nicht verworfen, denn ich habe die Fähigkeit, ihn zu bitten nicht wieder verloren, und fühle, wenn nicht Frieden, doch Vertrauen und Lebensmut in mir, wie ich sie sonst nicht mehr kannte.

Welchen Wert Sie dieser erst zwei Monat alten Regung meines Herzens beilegen werden, weiß ich nicht; nur hoffe ich, soll sie, was auch über mich beschlossen sein mag, unverloren bleiben; eine Hoffnung, die ich Ihnen nicht anders habe bekräftigen können, als durch unumwundene Offenheit und Treue in dem, was ich Ihnen, und sonst noch niemandem, hier vorgetragen habe, mit der Überzeugung, daß Gott es den Aufrichtigen gelingen lasse.

Ich enthalte mich jeder Beteurung über meine Gefühle und Vorsätze in Bezug auf Ihre Fräulein Tochter, denn der Schritt, den ich tue, spricht lauter und beredter davon, als Worte vermögen. Auch mit Versprechungen für die Zukunft kann Ihnen nicht gedient sein, da Sie die Unzuverlässigkeit des menschlichen Herzens besser kennen als ich, und meine einzige Bürgschaft für das Wohl Ihrer Fräulein Tochter liegt nur in meinem Gebet um den Segen des Herrn. Historisch nur bemerke ich, daß, nachdem ich Fräulein Johanna wiederholt in Cardemin gesehn hatte, nach unserer gemeinschaftlichen Reise in diesem Sommer, ich nur darüber im Zweifel gewesen bin, ob die Erreichung meiner Wünsche mit dem Glück und Frieden Ihrer Fräulein Tochter verträglich sein werde, und ob mein Selbstvertrauen nicht größer sei als meine Kräfte, wenn ich glaubte, daß sie in mir finden könne, was sie in ihrem Mann zu suchen berechtigt sein würde. In der jüngsten Zeit ist aber mit dem Vertrauen auf Gottes Gnade auch der Entschluß in mir fest geworden, den ich jetzt ausführe, und ich habe in Zimmerhausen nur deshalb gegen Sie geschwiegen, weil ich mehr zu sagen hatte, als ich mündlich zusammenfassen kann. Bei der ernsten Wichtigkeit der Sache, und der Größe des Opfers, welches Sie und Ihre Frau Gemahlin durch die Trennung von Ihrer Fräulein Tochter dereinst zu bringen haben würden, kann ich kaum hoffen, daß Ihre Entscheidung ohne Weiteres günstig für meinen

Antrag ausfallen werde, und bitte nur, daß Sie mir die Gelegenheit nicht versagen wollen, mich über solche Gründe, die Sie zu einer abschlägigen Antwort bestimmen könnten, meinerseits zu erklären, ehe Sie eine definitive Ablehnung aussprechen.

Es ist gewiß noch vieles, was ich in diesem Schreiben nicht, oder nicht vollständig genug gesagt habe, und ich bin natürlich bereit, Ihnen über Alles, was Sie zu wissen verlangen werden, genaue und ehrliche Auskunft zu geben; das Wichtigste glaube ich gesagt zu haben.

Ich bitte Sie, Ihrer Frau Gemahlin meine ehrerbietige Empfehlung darzubringen, und die Versicherung meiner Liebe und Hochachtung mit Wohlwollen aufzunehmen.

Bismarck.

An Johanna von Puttkamer

Angela mia

Ich bin glücklich hier eingetroffen, habe alles abpatrouilliert, und mich zu meinem Kummer überzeugt, daß ich wie gewöhnlich zu früh gekommen bin. Das Elbeis liegt noch fest und alles ist in bester Ordnung. Ich ergreife eine müßige halbe Stunde in einem sehr schlechten Wirtshaus, um Dir auf sehr schlechtem Papier zu schreiben, wenn auch nur wenig Worte. Meinen Bruder und Malvine habe ich flüchtig gesehn, und beide entzückt über die mit mir vorgegangne Veränderung gefunden. Gestern Abend in Berlin habe ich Bernhard [von Puttkamer-Versin] besucht, ohne ihn zu Hause zu finden, und mich dabei mit Schrecken überzeugt, daß ich außer den vielbesagten Würsten auch die Briefe der Tante [Bernhards Mutter] aus Versin nicht bei mir habe, und ohne Ahnung bin, wo sie sich befinden. Sind sie vielleicht in Reinfeld geblieben, so schicke sie doch gleich. Ich habe Bernhard schriftlich auseinandergesetzt, ein wie schlechter Commissionär ich bin, und glaube daß mich die Tante als solchen nicht mehr benutzen wird.

Sobald das Wasser (was übrigens noch garnicht gekommen ist) verlaufen sein wird, fliege ich wieder nach Norden, die Blume der Wildnis, wie mein Vetter sagt, aufzusuchen. Sobald ich in Schönhausen zur Ruhe bin, schreibe ich Dir ausführlicher, für jetzt nur dies Lebens- und Liebeszeichen, die Rosse stampfen wiehern und bäumen vor der Tür und ich habe heut noch viel vor. Die herzlichsten Grüße an Deine, oder j'ose dire unsre Eltern. Sans phrase der *Deinige* von Kopf bis zur Zehe. Küsse lassen sich nicht schreiben. Leb wohl.

Bismarck.

Ich hatte nur auf Licht gewartet, um Dir mein teures Herz zu schreiben, und mit dem Licht kam auch Deine kleine grüne Spirituslampe, um mein lauwarmes Wasser zum Sieden zu bringen, fand es aber diesmal schon dicht am Überkochen. Dein Mitleid mit meinen unruhigen Nächten ist für jetzt noch vorzeitig; ich werde es Dir aber doch anrechnen. Die Elbe liegt noch trüb und mürrisch in ihren Eisbanden; des Frühlings Ruf sie zu sprengen ist ihr noch nicht laut genug. Ich sage zu dem Wetter »ach daß du kalt oder warm wärst, aber du stehst fortwährend auf 0«, und so kann sich die Sache in die Länge ziehn; meine Tätigkeit beschränkt sich für jetzt darauf von dem warmen Platze am Schreibtisch her allerhand Beschwörungsformeln in die Welt zu schicken, durch deren Zauber sich Massen von Faschinen, Brettern, Handkarren und manure aus dem Innern des Landes gegen die Elbe hin bewegen, um sich dort vorkommenden Falls als prosaischer Damm dem poetischen Schäumen der Flut entgegenzustellen. Nachdem ich den Vormittag mit diesen mehr nützlichen als angenehmen Korrespondenzen zugebracht habe, war mein Entschluß den Abend mit Dir, beloved one, behaglich zu verplaudern, als ob wir Arm in Arm im Sofa des roten Saales säßen, und in sympathischer Aufmerksamkeit hat die Post mir Deinen Brief, den ich von Rechtswegen vorgestern hätte erhalten müssen, grade zu dieser Plauderstunde aufgehoben. Du weißt, wenn Du meinen unverantwortlich geschmierten Zettel aus Schlawe hast lesen können, wie ich dort auf einen etwas angetrunknen Schwarm von Husarenoffizieren stieß, der mich im Schreiben störte. In der Post hatte ich nach meinem gewöhnlichen Unstern eine Dame vis-à-vis, und zwei der breitesten Passagiere in viel Pelz neben mir,

von denen der nächste obenein Abrahams direkter Nach-
komme war und mich durch unbehagliche Beweglichkeit seines
linken Ellenbogens in eine bittre Stimmung gegen alle seine
Stammverwandte brachte. Meinen Bruder fand ich im Schlaf-
rock, und seiner Gewohnheit nach benutzte er die 5 Minuten
unsrer entrevue sehr vollständig, um einen Wollsack voll ver-
drießlicher Nachrichten aus Kniephof vor mir auszuleeren;
liederliche Inspektoren, Massen krepierter Schafe, täglich
trunkne Brenner, verunglückte Vollblutfohlen (natürlich das
schönste) und faule Kartoffeln stürzten in rollendem Strudel aus
seinem bereitwillig geöffneten Munde auf mein etwas postmü-
des Selbst. Ich muß mir für meinen Bruder ausdrücklich einige
Ausrufungen des Schreckens und der Klage zulegen; denn mein
gleichmütiges Äußere bei Unglücksposten verdrießt ihn, und so
lange ich mich nicht wundre hat er immer neue und immer
schlimmere Nachrichten in Vorrat. Diesmal erreichte er seinen
Zweck wenigstens innerlich, und ich setzte mich recht mißge-
launt neben den jüdischen Ellenbogen im grünen Pelz; namentlich das Fohlen schmerzte mich, ein bildschönes Tier von
3 Jahren. Erst im Freien ward ich mir der Undankbarkeit meines Herzens wieder bewußt, und gewann der Gedanke an das
unverdiente Glück was mir erst vor 14 Tagen geworden wieder
die Herrschaft in mir. In Stettin fand ich trinkende spielende
Freunde. Wilhelm Ramin sagte auf eine gelegentliche Äuße-
rung über Bibellesen: Na, in Reinfeld würde ich in Deiner Stelle
auch so sprechen, aber daß Du glaubst Deinen ältesten Bekannten etwas aufbinden zu können, das ist lächerlich. Meine
Schwester fand ich wohl, und voller Freude über Dich und
mich; sie hat Dir glaub ich geschrieben, ehe sie Deinen Brief
erhalten hatte. Arnim ist voller Sorge, ich möchte »fromm«
werden; sein Blick ruhte ernst und nachdenklich, mit mitleidi-

ger Besorgnis, während der ganzen Zeit auf mir, wie auf einem lieben Freunde den man gern retten möchte, und doch fast für verloren hält; ich habe ihn selten so weich gesehn. Es gibt doch wunderliche Weltanschauungen bei sehr klugen Leuten. Am Abend im Hôtel de Rome (hoffentlich hast du so spät nicht geschrieben) habe ich mit einem halben Dutzend schlesischer Grafen, Schaffgotsch etc. Deine Gesundheit in dem brausenden Saft der Traube von Sillery getrunken, und am Freitag Morgen mich überzeugt, daß das Elbeis mein Pferd noch trug, und daß ich wegen des Hochwassers heut noch an Deiner blauen oder schwarzen Seite sein könnte, wenn nicht andre laufende Dienstgeschäfte mich ebenfalls gerufen hätten. Heut fiel den ganzen Tag der Schnee sehr emsig, und das Land ist wieder weiß, ohne Frost. Als ich eintraf, war diesseit Brandenburg alles frei von Schnee, die Luft warm und die Leute pflügten; es war als wenn ich vom Winter in den Frühlingsanfang gereist wäre, und in mir war doch der kurze Frühling Winter geworden; je näher ich Schönhausen kam, desto drückender war mir der Gedanke auf wer weiß wie lange wieder in die alte Einsamkeit zu treten. Die Bilder wüster Vergangenheit stiegen in mir auf, als wollten sie mich von Dir fortdrängen. Mir war fast weinerlich, wie wenn ich nach den Schulferien die Türme von Berlin aus dem Postwagen erblickte. Der Vergleich meiner Lage mit der in welcher ich am 10ten auf demselben Wege in umgekehrter Richtung reiste, die Überzeugung daß meine Einsamkeit genau genommen eine freiwillige sei, der ich mit einem freilich etwas dienstwidrigen Entschluß und 40 Reisestunden stets ein Ende machen kann, brachten mich wiederum zu der Erkenntnis daß mein Herz ein undankbares sei, verzagt und trotzig, denn bald sagte ich mir »mit des Bräutigams Behagen« daß ich auch hier nicht mehr einsam sei, und war glücklich in dem Bewußtsein, von Dir mein Engel geliebt zu sein, und Dir wiederum zu gehören, leibeigen nicht nur sondern bis ins innerste Herz. Beim Einfahren in das Dorf fühlte ich, wohl nie so deutlich wie schön es ist, eine Heimat zu haben, und eine Heimat mit der man durch Geburt Erinnrung und Liebe verwachsen ist. Die Sonne schien hell auf die stattlichen Bauerhöfe, und ihre wohlhäbigen Bewohner mit den langen Röcken und die bunten Weiber mit den kurzen grüßten mich noch viel freundlicher als gewöhnlich; auf jedem Gesicht schien ein Glückwunsch zu liegen, der in mir stets zu einem Dank gegen Dich wurde. Bellins[1] dicker Graukopf lächelte rund herum und der alten ehrlichen Seele liefen die Tränen herunter wie er mir väterlich auf die Schulter klopfte und seine Zufriedenheit ausdrückte, seine Frau weinte natürlich aufs Heftigste; selbst Odin war ausgelassener wie sonst, und seine Pfote auf meinem Rockkragen bewies unwiderleglich daß Tauwetter sei. Eine halbe Stunde später galoppierte Miß Breeze mit mir an die Elbe, offenbar stolz Deinen Verlobten zu tragen, denn niemals früher schlug sie so verachtend mit dem Huf den Boden. Du kannst glücklicher Weise nicht beurteilen, mein Herz, mit welcher trostlosen Stumpfheit ich früher nach einer Reise mein Haus betrat, welche Niedergeschlagenheit sich meiner bemächtigte, wenn mich die Tür meines Zimmers angähnte und das stumme Gerät in den lautlosen Räumen mir, gelangweilt wie ich selbst, gegenüberstand. Nie wurde mir die Öde meines Daseins deutlicher als in solchen Augenblicken, bis ich dann ein Buch ergriff, von denen mir keines trüb genug war, oder mechanisch an irgend ein Tagewerk ging. Am liebsten kam ich des Nachts zu Haus, um gleich zu schlafen.* Ach Gott und nun? Wie betrachte ich alles mit andern Augen; nicht bloß was Dich und weil es Dich mitbetrifft oder mitbetreffen wird,

[1] Inspektor in Schönhausen.

(obschon ich mich seit 2 Tagen damit quäle wo Dein Schreibtisch stehn wird) sondern meine ganze Lebensanschauung ist eine neue, und selbst Deich- und Polizei-Geschäfte betreibe ich mit Heiterkeit und Teilnahme. Diese Änderung, dieses neue Leben danke ich nächst Gott Dir, ma très-chère, mon adorée Jeanneton, die du nicht als Spiritusflamme an mir gelegentlich kochst, sondern als erwärmendes Feuer in meinem Herzen wirkst. – Man klopft. – Besuch des Herrn Konrektors, Klage über schlechte Zahler des Schulgeldes. Der Mann fragte mich, ob meine Braut groß sei. – O ja, ziemlich. – Nun ein Bekannter von mir hat Sie im Sommer auf dem Harz mit mehren Damen gesehn, wo Sie Sich mit der größten vorzugsweise unterhielten, das war gewiß Ihre Fräulein Braut. – Die größte von Euch war glaub ich Frau von Mittelstädt. Der Harz der Harz! Nach gründlicher Beratung mit Frau Bellin habe ich beschlossen hier vorläufig keine besondern Änderungen zu machen, sondern zu warten bis wir die Wünsche der gnädigen Frau darüber hören können, damit wir nichts zu bereuen haben. In six months I hope we shall know what we have to do. Über unser Wiedersehn läßt sich noch garnichts genaues sagen; augenblicklich regnet es; wenn das beibleibt, so kann in 8 bis 14 Tagen die Elbe ausgespielt haben; und dann… Über den Landtag ist noch garnichts zu hören. Die herzlichsten Grüße und Versicherungen meiner Liebe an die Eltern, und erstere, wenn Du willst auch letztere, an sämtliche Cousinen, Freundinnen etc. Was hast Du mit Annchen gemacht? Das Vergessen der Versiner Briefe drückt mich, so schlimm wollte ich es nicht machen. Habt Ihr sie gefunden? Leb wohl mein Schatz mein Herz mein Augentrost. Dein treuer

Bismarck.

* Vergleiche die Beilage, in der ich früher oft meinen innersten Ausdruck fand. Now never any more.

Schönhausen, 21. Februar 1847

Johanna, Du beßre Hälfte meiner oder Unsrer! Deinen Brief vom 18. empfing ich heut, und sage Dir zuerst meinen innigen Dank, für die herzliche Liebe, die mich aus ihm anspricht. Liebe kennt keinen Dank und erwartet keinen sagt jemand, Dank ist ein kaltes Wort. Schadet nicht, ich fühle Dankbarkeit gegen Dich, und liebe Dich doch. Ich empfing Deinen Brief heut Nachmittag, und konnte mich nicht gleich hinsetzen Dir zu antworten, weil ich einer langweiligen Einladung genügen mußte, und meine Abreise bis 5 aufgeschoben hatte, um die Post erst zu erhalten. Eben komme ich zurück, kalt naß und geärgert durch die faden Leute, aber ein Paar Zeilen muß ich heut noch schreiben. Ich beantworte Deinen Brief seiner Reihenfolge nach. Deich-Hauptmann zu sein ist allerdings in diesem Jahr grade sehr fatal, wenn man eine Braut in 70 Meilen Entfernung hat. Seit vorigem Sonntag ist Tauwetter, seit einigen Tagen erwartete man das Aufgehn des Stromes, und noch ruht er. Dabei erhielt ich vor einigen Stunden eine Staffette, daß das Eis bei Dresden und in Böhmen seit 2 Tagen in Gang ist; eine gefährliche Sache wenn es sich oben eher löst als hier, die uns viel Übles bringen kann. Morgen, spätestens Dienstag muß es nun hier in Gang kommen. 14 Tage ist der kürzeste Termin in dem das Stück ausgespielt haben kann, mitunter dauert es 6, meist 3 bis 4 Wochen. Meine sentimentalen Tiraden in Bezug auf arme Leute und Reisekosten werden wahrscheinlich Redensarten bleiben, und meine Tugend wird nicht auf die Probe gestellt werden, da der Dienst mich vermutlich nicht viel vor Mitte März freilassen wird, abgesehn von allen verschiebbaren Terminen. Jedenfalls will ich mich bemühn, daß der auf den 20. angesetzte Ritterschaftskonvent früher gelegt wird. Sage mir mein Engel, Du schreibst mit so vieler Ernsthaftigkeit über Porto-Skrupel; bin ich oder bist Du der Pommer, der keinen Scherz versteht? Glaubst Du wirklich daß mich das etwas angeht wieviel Porto ein Brief kostet? Daß ich einen weniger schreiben würde, wenn es 10fach wäre? Diese Idee stimmt mich ungemein heiter wenn das Dein Ernst war, wie ich nach der Fassung beinah glaube, und wenn ich Karikatur zeichnen könnte, so würde ich Dir mein Profil so sarkastisch-sardonisch-ironisch-satirisch an den Rand malen, wie Du es noch nie gesehn hast. Du erinnerst vielleicht daß ich mich in Zimmerhausen schon über Deinen Mut gewundert habe, mich, den halbfremden, anzunehmen in der Eigenschaft, dans laquelle me voilà; daß Du mich aber *so* wenig kennst, daß Du mich, den geborenen Verschwender, für geizig hältst, zeigt daß Du Dich mir in blindem Vertrauen hingegeben hast, in Vertrauen wie es nur eine Liebe geben kann, für die ich Dir Hände und Füße küsse. Du mein Herz, wie wenig kennst Du die Welt! Warum verklagst Du Deinen letzten Brief so sehr? ich habe nichts darin gefunden, was mir nicht lieb und lieber gewesen wäre. Und wäre es anders, wo solltest Du künftig eine Brust finden um zu entladen was die Deine drückt, wenn nicht bei mir? Wer ist mehr verpflichtet und berechtigt, Leiden und Kummer mit Dir zu teilen, Deine Krankheiten Deine Fehler zu tragen, als ich, der ich mich freiwillig dazu gedrängt habe, ohne durch Bluts- oder andre Pflichten dazu gezwungen zu werden? Du hattest eine Freundin, zu der Du zu jeder Zeit flüchten konntest, von der Du nie abgewiesen wurdest; vermissest Du die in *diesem*

Sinne, in *dem* Bedürfnis? Meine liebe liebe Johanna, muß ich Dir nochmals sagen, daß ich Dich *liebe*; sans phrase, daß wir Freud und Leid mit einander teilen sollen, ich Dein Leid, Du das meine, daß wir nicht vereinigt sind, um einander nur zu zeigen und mitzuteilen, was dem andern Freude macht, sondern daß Du Dein Herz zu jeder Zeit bei mir ausschütten darfst, und ich bei Dir, es mag enthalten was es wolle, daß ich Deinen Kummer, Deine Fehler, Deine Unarten, wenn Du welche hast, tragen muß und will, und Dich liebe wie Du bist, nicht wie Du sein solltest oder könntest? Benutze mich, brauche mich, wozu Du willst, mißhandle mich äußerlich und innerlich wenn Du Lust hast, ich bin dazu da für Dich, aber »geniere« Dich nie und in keiner Art vor mir, vertraue mir rückhaltlos, in der Überzeugung, daß ich Alles was von Dir kommt mit inniger Liebe, mit freudiger oder geduldiger, aufnehme. Behalte *nicht* Deine trüben Gedanken für Dich und blicke mich mit heitrer Stirn und fröhlichen Augen an dabei, sondern teile mir in Wort und Blick mit was Du im Herzen hast, mag es Segen oder Leid sein. Sei niemals kleinmütig gegen mich, und erscheint Dir etwas in Dir unverständig, sündhaft, niederdrückend, so bedenke, daß All dergleichen in mir tausend Mal mehr vorhanden ist, und ich davon viel zu sehr und innig durchdrungen bin, als daß ich dergleichen bei *Andern* geringschätzig betrachten sollte, bei *Dir* mein Herz aber anders als mit Liebe, wenn auch nicht immer mit Duldung, wahrnehmen könnte. Betrachte uns als gegenseitige Beichtväter, als mehr wie das, die wir nach der Schrift »Ein Fleisch« sein sollen.

Den 22. früh.

Soeben werde ich jählings den süßesten Träumen entrissen, mit der Nachricht, daß das Eis sich in Bewegung setzt; an und für sich eine sehr günstige. Das Wasser steigt stündlich 1 Zoll, und wird vermutlich so und etwas langsamer, wenn keine Eisstopfung eintritt, beibleiben, bis es 10 Fuß bis 12 höher steht als jetzt. Wie lange es dann in solcher Höhe bleibt, davon hängt es ab, wann ich Dich sehe. Denn ich werde am Ende doch zu Dir kommen müssen, sobald die Elbe mich losläßt, trotz Kreistag und Allem, Du wirst mir sonst blässer und blässer bis zur Unsichtbarkeit. Zu dem Ritterschafts-Convent *muß* ich aber hier sein. Ich kann nur noch während gesattelt wird ein Paar Zeilen schreiben, und das tut mir herzlich leid, da ich gestern Abend so sehr lehrreich gewesen bin, so wollte ich Dich heut noch recht streicheln, bis Du behaglich geknurrt hättest, aber wer weiß wann ich wieder schreiben kann in den ersten Tagen, und da will ich den Brief so kurz er ist, nicht noch aufhalten. Bemühe Dich nicht eine steife glatte Hecke zu werden von Hause aus. Die kann kräftig und grün nur dann dastehn, wenn sie wild hinauswächst und vom Gärtner mitten durchs Leben beschnitten wird, und das werde ich ja doch nicht über mein Herz gewinnen; wachse beliebig als Waldrose; das häßliche Moos und die allzuscharfen Dornen wollen wir uns beide bemühn schmerzlos oder doch vorsichtig zu entfernen. Leb wohl, die Eisschollen spielen mir den Pappenheimer Marsch zum Ruf, und der Chor der berittnen Bauern singt »Frisch auf Kameraden«. Warum tun es die Klötze nicht wirklich? wie schön wäre das und wie poetisch. Es weht mich wie frisches Leben an, daß dies langweilige Warten vorbei ist und die Sache vorgeht. Heut Nacht »steh ich in finstrer Mitternacht«, und Du »schickst ein fromm Gebet zum Herrn, wohl für den Liebsten in der Fern«.

Mit Jakobi 5. 16 hast Du ganz recht, es war damals nur so eine augenblickliche schiefe Idee von mir, und ich gedenke Deiner wenn ich bete. Je t'embrasse.

Dein Knecht   B.

Von Moritz noch immer kein Wort.
Schicke mir doch das Couvert von dem Brief, der 5 Tage gegangen ist, ich will mich in Berlin darüber beschweren.

Schönhausen, 4. März 1847

Mein liebes Herz
Sehr angenehm war ich gestern bei meiner Rückkehr von dem Kreistage überrascht, Deinen Brief vorzufinden, den ich erst heut erwartete. Allerhand unvermutete Polizei-Geschäfte hinderten mich heut Morgen, vor der Poststunde, am Antworten, und nachdem ich jetzt durch einen flotten Galopp auf Mousquetaire den Verdruß und die Kopfschmerzen losgeworden bin (Folgen des schlechten Weins den ich gestern mit den Herrn Kreisständen hatte trinken müssen) finde ich mich erst in ungestörtem tête-à-tête mit Deinem lieben Brief. Dir war wohl recht verständig zu Mute, als Du Deinen kaltblütigen zweifelsüchtigen Freund so in den Nebelregionen des Aberglaubens und der Traumdeuterei erblicktest. Es ist auch wunderbar genug, aber wer klärt die Widersprüche einer jeden menschlichen Natur auf. Hobbes, der materialistische Gottesleugner, konnte vor Gespensterfurcht nicht allein schlafen. Wenn ich nun auch, vertrauend auf Gottes Allmacht, und ergeben in seinen Willen, vor übermenschlichen Begegnissen und Einflüssen grade keine Furcht hege, wenigstens keine größre als vor körperlichen, so glaube ich doch, nun mit Hamlets plattgetretnen Worten zu

sprechen, daß es zwischen Himmel und Erde viele Dinge gibt, von denen sich unsre Philosophen nichts träumen lassen, oder wenn sie auch davon träumen, von denen sie sich keine Rechenschaft geben können; ja im tiefern Sinne gehört Alles, in uns und außer uns in diese Kategorie, und der Ausdruck »ein Wunder« entlockt mir immer ein innres Lächeln über Mangel an Logik, denn in jeder Minute sehn wir Wunder, und nichts als solche. Die gegen welche wir durch die tägliche Gewohnheit abgestumpft sind, rechnen wir als den natürlichen Lauf der Dinge, dem jeder altkluge Tor auf den Grund zu sehn meint; tritt uns aber etwas Neues, dem bisher beobachteten, aber doch unerklärten, Lauf des großen Räderwerks anscheinend Fremdes entgegen, dann rufen wir über Wunder, als ob *nur diese* Erscheinung uns unbegreiflich wäre.

Es ist doch sehr lästig mit der Nachbarschaft auf dem Lande. Da sitze ich ganz gemütlich und schreibe, unangemeldet klopft man; »O Tod, ich kenns, das ist…, daß diese Fülle der Gesichte (?) der trockne Schleicher stören muß.« Als Mensch mag er vorzüglich sein, als Gesellschafter war er mir heut unerträglich. Ich machte ein Gesicht wie eine Gefängnistür, sprach kein Wort, aber er saß beinah 2 Stunden, erzählte mir hausbackne Geschichten und unterhielt mich von Eisenbahnen und Gartenkulturen! Ich bin recht ungesellig geworden, ein Zeichen daß ich alt werde, ich mag nicht in meinen täglichen Gewohnheiten und Behagen gestört werden. Gleich hinter dem… erscholl der Befehl an Hildebrand (mein Kammerdiener), daß ich fortan vom Essen bis Sonnenuntergang für Niemand jemals zu Hause bin. Wie war das sonst anders; einen Menschen den ich »Sie« nannte sah ich zu jeder Stunde gern bei mir, wußte immer mich mit ihm zu unterhalten, und nun gar ein Studierter wie der Herr… Es war aber wenigstens der 20. Mensch dem ich heut

»herein!« zurufen mußte, natürlich jedesmal brummiger. Werden wir beide auch so bärenartig das Ungestörtsein lieben? Dann müssen wir wohl gleich auf die Oie gehn, und im Winter auf den Brocken. – Dein Brief machte mir einen recht behaglichen Eindruck, ruhiger, weniger aufgeregt, als mitunter, wodurch ich aber die aufgeregten garnicht tadeln will, im Gegenteil, ich liebe Aufregung, und verstehe beide Bezeichnungen im lobenden Sinne (Abwechslung etc.). Zwei Sachen beruhigten mich besonders darin, daß ich Dir in meinen Briefen nie wehgetan habe, und daß Du deutlich und entschieden Deine Nachsicht und Duldung für meine etwaigen Glaubensschwächen und Zweifel aussprichst, und daß Du mich doch lieben willst, wenn auch Gott unsre Herzen verschiedne Wege führen sollte. In keinem Felde ist wohl der Spruch »richtet nicht, so werdet Ihr nicht gerichtet« anwendbarer als grade in Glaubenssachen. Letztre sind meines Erachtens für irdische Verbindungen überall kein Hinderniss, sobald unter den Verbundnen kein Spötter und Verächter sich befindet; eine Stufe weiter geben sie ein Element gemeinsamen geistigen Lebens ab, sobald beide verbundne Teile »gläubig« sind, worunter ich nicht verstehe, daß beide *dasselbe* grade glauben, und sich genau und wörtlich demselben formulierten Bekenntnis anschließen, sondern nur daß beide in Ernst und Demut forschen und beten um zum wahren Glauben zu gelangen, den Erfolg aber Gott anheimstellen. Ich erinnere mich daß wir auf einem Spaziergange von Wartensleben sprachen, als von jemand der nicht an den Sündenfall, oder war es eine andre biblische Lehre, glaubte. Du warst einigermaßen darüber erschrocken wie mir schien, daß ich in Deine Verwerfung eines solchen Unglaubens nicht mit derselben Lebhaftigkeit einstimmte, mit der Du sie aussprachst. Ich weiß nicht ob ich Dir etwas Neues sage, wenn ich erkläre daß auch ich nicht *Alles* bisher habe annehmen können, was in der Bibel geschrieben steht. Ich glaube zwar daß sie Gottes Wort enthält, aber nur so wie es uns durch Menschen, die, wenn auch die heiligsten, doch der Sünde und dem Mißverständnis unterworfen waren, hat übermacht und mitgeteilt werden können. Denn solche Menschen *waren* die Apostel und die andern Verfasser der heiligen Schriften, und konnten daher Gottes Wort, selbst wenn es ihnen, wie den Aposteln, direkt zukam, nur nach ihrer menschlichen Eigentümlichkeit auffassen und wiedergeben, um so mehr, wenn es ihnen, wie dem Evangelisten Lukas erst durch mehrfache menschliche Vermittlung, nicht vom Herrn selbst, zuging. Du weißt daß Paulus erst nach Christi Scheiden sich bekehrte, daß der genannte Evangelist erst ein späterer Schüler der Apostel und andrer Schüler war. Ich lege daher, wo ich zweifelhaft bin, auch mehr Gewicht auf Stellen aus den Schriften der Apostel selbst, als auf die Pauli und des Genannten. Du wirst mir dagegen die Ausgießung des Heiligen Geistes über jene Verfasser, und die fernerweite Mitteilung desselben an ihre Schüler anführen, und daß es vermessen ist auf diese Weise nach individuellem Ermessen die Schrift beurteilen zu wollen, und darin magst Du wohl recht haben. Ich will, wenn es Dir nicht unlieb ist, mündlich mehr mit Dir über diesen Artikel und über das Fundament meiner Ansicht sprechen; das geschriebne Wort sagt mir immer zu viel, und wird so leicht weiter gedeutet und mißverstanden. Und dann möchte ich gern, selbst den *Schein* davon vermeiden, als wollte ich Dich irgendwie zu Glaubensregungen, wie sie in mir grade arbeiten, hinüberziehn; es ist mir so sehr lieb, wenn Du bei dem was Du für wahr erkannt hast, unerschütterlich fest hältst, und ich würde es mir zur Sünde rechnen, wenn durch meine Schuld das Mindeste in Dir wankend werden könnte. Ich habe das Vorstehende bloß um der Offenheit willen ausgesprochen, und nicht als ein Resultat, welches ich im Glauben gewonnen hätte, sondern als eine Station auf der ich mich grade befinde, und von der mir Gott weiter helfen wird, wie er mir bisher geholfen hat. Ängstige und bekümmre Dich daher um nichts, was Dir etwa verletzend oder ungläubig in jenem Bekenntnis erscheinen möchte; dadurch würdest Du schon anfangen mich zu richten, sondern denke lieber zurück, wie es an jenem Pfingsttage mit mir aussah, wo wir in Cardemin zusammen am Fenster standen, und welche Änderung seitdem in mir vorgegangen ist. Rom ward nicht an Einem Tage gebaut, und sehn auch nicht alle Häuser gleich darin aus, so wenig wie die Einwohner, die dennoch alle Römer sind. – Was meine Abreise anbelangt, so kann ich jetzt leider mit Gewißheit sagen, daß sie vor dem 20. nicht stattfinden wird. Die Elbe ist zwar für den Augenblick unschädlich; bei dem vielen ungeschmolzenen Schnee in den Gebirgen kann aber ein zweites Hochwasser, sobald das Tauwetter energischer wird, nicht ausbleiben. Kommt dies *nach* dem 20., so werde ich mich indessen dadurch nicht halten lassen, ich bin des Wartens müde. *Vorher* habe ich aber noch zu viel andre Geschäfte als daß ich reisen könnte. Ich würde, da schon am 19. eine für den 20. vorbereitende ständische Zusammenkunft stattfindet, am 18. hier sein, also den 16. von Reinfeld reisen müssen. Am Montag, den 8., muß ich in Magdeburg sein, wo ich mit Gerlach zu tun habe. Drei langwierige Termine hier in der Gegend und ein Geschäft mit dem Justiz-Minister, welches einige Tage Aufenthalt in Berlin nötig machen wird, sind, zwar verschiebbare, aber immer unausweichbare Hindernisse, die mich, wenn ich sie jetzt unberücksichtigt ließe, nach dem 20. um so länger von Dir entfernt halten würden. Außerdem habe ich ziemlich weitaussehende schriftliche Arbeiten zu machen, da mich die Stände mehrer

Kreise der Provinz mit der Bearbeitung eines vor drei Monaten von mir angeregten Planes, wegen Umgestaltung unsrer Gerichtsverfassung, beauftragt, und zu ihrem Abgeordneten in dieser Sache nach Berlin gewählt haben, ein sehr ehrenvolles aber auch sehr lästiges Amt. Hätte ich vor 3 Monaten vorausgesehn, wie das Alles mit uns kommen würde, so hätte ich diese Reformpläne noch etwas verschoben; jetzt müssen sie aber vor dem Zusammentritt des Landtages dem Könige vorgelegt werden, da die Sache auf jenem vermutlich zur Verhandlung kommt. Ich werde nun, wenn ich am Dienstag von Magdeburg komme, in der nächsten Woche mich hier mit Zurechtsetzung der widerspenstigen Bauern, das heißt, mit den gedachten 3 Terminen beschäftigen, in der folgenden Woche nach Berlin gehn, am 18. wieder hier sein, und am 20. Nachmittags, wenn höhere Mächte sich nicht dagegen erklären, unfehlbar abreisen, so daß ich am 21. in Naugard bin. Ist es dann möglich Moritz am 22ten Abends zu verlassen, wie ich doch denke, so halte ich Dich Dienstag den 23. um Mittag in dieser jetzt tintegeschwärzten Hand. Wegen des Landtags mach Dir keine Sorge, denn wie ich Dir meines Bedünkens schon geschrieben, gehe ich *nicht* hin. Wir können dann, wenn es sich sonst paßt, bis Ende April beisammen bleiben; zum 1. Mai, mit den durchreisenden Hexen, muß ich hier wieder eintreffen, um den wichtigen Akt der Deichschau vorzunehmen; was das ist werde ich Dir mündlich sagen. – Soeben habe ich mich zum Souper an Reinfelder Wurst ergötzt; ein in der Tat gelungnes Produkt der Adelheid[1]-Mathildischen Kunstfertigkeit, mit dem Frau Bellin ganz besonders geizig ist, und mir immer zu dünne Scheiben schneidet. Wenn Du hier bist werde ich es ja wohl besser haben, und mich wenigstens satt essen können. Ich weiß nicht wie

[1] Wirtschafterin in Reinfeld.

meine Gedanken von der Wurst zu B. ihren Weg machen; ich habe mich heut mit Besorgnis überzeugt, und nicht nur heut, daß ich Odin abschaffen muß, wenn wir mit B. in nähere Verbindung treten; das unvernünftige Tier kann durchaus keine Juden, weder echte noch getaufte leiden, und läßt dieser Abneigung so rückhaltlos und blutgierig die Zügel schießen, daß er angelegt werden muß so lange ein Abkomme der Patriarchen sich in dem Hofbezirk aufhält; er zeigt sich dabei als ein höchst scharfsichtiger Kenner der Volkstümlichkeiten. Deiner Mutter Scherz über meine Abneigung gegen B. habe ich durchaus nicht mißverstanden, wenn ich auch eine halbernste Verwahrung einfließen ließ. Bei Dir hätte ich das vielleicht nicht getan, so sehr ich auch Pommer geworden bin. Dem geschriebnen Wort ist es übrigens nicht anzusehn, ob die Tinte als sie naß war, ein neckendes Auge oder die Falten bekümmerten Ernstes gespiegelt hat, und von Damen bin ich gewohnt (unter uns gesagt) Manches als Ernst zu hören, was ich im Munde eines Mannes nie dafür halten würde. – Beifolgend schicke ich Dir eine ziemlich nichtssagende Ansicht des hiesigen Hauses, wie es sich, vom Garten her gesehn, mit seiner Giebelseite präsentiert. Die Fenster dieser Seite gehören unbewohnten Zimmern an, obschon sie eine weite und ziemlich freundliche Aussicht über die wassergleiche Ebne des Elbtals und die höhern jenseitigen Ufer haben. – Von Moritz habe ich vorgestern einen sehr lieben Brief gehabt, viel ruhiger und klarer als den vorigen, über den er sich selbst mißbilligend ausspricht. Tu mir nur die Liebe mein Herz und regt Euch nicht gegenseitig zum Weinen auf; die Ereignisse haben an und für sich mehr wie genug dazu getan; sondern macht einer den andern lieber fest, spielt Euch dur-Tonarten vor, und höre mir auf, blaß und mager zu werden, damit ich nicht am 23. eine viertel Stunde lang kopfschüttelnd vor Dir stehe ehe ich Dich umarme. Es ist ein Mißbrauch, den unser Beichtvater mit Dir treibt, daß er Deine Augen als Gießkanne für die Pflanze seines Kummers benützt. – Die Worte »zwei werden auf Einer Mühle mahlen« hatten in meinem Briefe eine andere Deutung als Du annimmst; ich war glaubensstark oder vermessen genug anzunehmen, daß *wir* beide in den an jener Stelle bezeichneten Zeiten nicht getrennt werden würden; der Gedanke bezog sich auf meine Eltern. – Also Senfft meinst Du habe es doch »viel« gefunden, daß ein Mädchen klug, brav und fromm sein könne; ich dachte das wären sie alle; nun was gehn mich die andern an, ich habe ja nichts mehr mit ihnen zu tun, außer etwa mit Deiner Zofe, sieh also zu, daß diese nicht zu der entgegengesetzten Kategorie gehört; denn ist sie einmal von Reinfeld hierher verpflanzt, so hat sie einen weiten Rückweg. Auch abgesehn davon entschließe ich mich sehr schwer Leute zu entlassen die ich einmal habe, und ich hoffe Du wirst in Bezug auf den weiblichen Teil des Regiments dieselben Grundsätze handhaben. Die Luft hier konserviert das Gesinde. Bellin ist ein Bauersohn hier aus dem Dorf, fing als Reitknecht an bei meinem Vater, und ist nun 40 Jahr im Dienst, davon 32 als Inspektor; seine Frau ist in unserem Dienst geboren, Tochter des vorigen, Schwester des jetzigen Schäfers; letztrer und der Ziegelmeister, der auch bald 60 Jahr ist, dienen schon als zweite Generation hier, und haben ihre Väter bei meinem Großvater und Vater schon dieselben Stellen bekleidet. Die Gärtnerfamilie ist leider im vorigen Jahr mit einem kinderlosen 75er, der den Posten von seinem Vater geerbt hatte, ausgestorben. Der Kuhhirt hat meinen Vater noch als Fähnrich gekannt, der Vorwerksmeier und der Jäger legten beim Tode meines Vaters wegen Altersschwäche, beide nach fast 50jähriger Dienstzeit ihr Amt nieder, der Sohn Nimrods nachdem ich ihm hatte zusichern müssen, daß er die Hasen doch noch schießen solle, die ich für die Küche brauchte; der arme Stümper sieht nur nicht mehr genug dazu. Selbst unter dem Zugvögelgeschlecht der Mägde befinden sich einige die ich seit 10 Jahren und vielleicht länger kenne. Ich kann nicht leugnen daß ich einigermaßen stolz bin auf dieses langjährige Walten des konservativen Prinzips hier im Hause, in welchem meine Väter seit Jahrhunderten in denselben Zimmern gewohnt haben, geboren und gestorben sind, wie die Bilder im Hause und in der Kirche sie zeigen, vom eisenklirrenden Ritter, auf den langgelockten zwickelbärtigen Kavalier des 30jährigen Krieges, dann die Träger der riesenhaften Allonge-Perücken die mit talons rouges auf diesen Dielen einherstolzierten, und den bezopften Reiter der in Friedrichs des Großen Schlachten blieb, bis zu dem verweichlichten Sprossen der jetzt einem schwarzhaarigen Mädchen zu Füßen liegt. – Les extrêmes se touchent, mais ils se brisent, ist eine jener französischen Redensarten, deren anscheinende Buchstabenwahrheit die innre Unwahrheit deckt, und die von Leuten erfunden werden, welche die Folgen ihrer eignen Schlechtigkeit gern einem notwendigen Naturgesetz aufbürden. Der Vordersatz ist wahr, sie berühren sich, aber sie gehören auch zusammen, wie Tinte auf weißes Papier, wie das starre Siegel auf das weiche Wachs. Gleichartige Charaktere stoßen sich ab oder langweilen sich, denn bei ihnen trifft Ecke auf Ecke und Lücke auf Lücke, ohne sich anschließen und einander durchdringen zu können, während bei ungleichartigen jeder den andern ergänzt, erregt und bisher stumme Saiten in ihm anschlägt. Zwei harte Steine mahlen nicht zusammen, zwei weiche auch nicht, und bei Menschen muß der eine weich sein wo der andre hart ist, wenn sie gut zusammen mahlen sollen. – Etwas gelächelt habe ich über Deine Protestationen von Alberts Unschuld und

Unschädlichkeit, und finde mich dadurch veranlaßt zu wiederholen, daß ich auf Männer in ihrer Eigenschaft als solche, nicht eifersüchtig bin, und wenn Bruno selbst 14 Tage lang in Reinfeld wäre. Wenn ich sage in ihrer Eigenschaft als solche, so verstehe ich darunter, daß man auch Männer zu Freund*innen* haben kann. Sehr dankbar bin ich für die Schreiben und das Andenken Deiner und meiner lieben Eltern; ich bitte um herzliche Grüße an sie, und werde in wenig Tagen antworten. Fast fürchte ich Du kommest diesmal um Deinen Donnerstagsbrief, denn übermorgen, Sonntag, bin ich im Königl. Militärdienst, Montag vielleicht bis Dienstag Mittag in Magdeburg, ohne einen Augenblick Muße. Ich will nur wünschen daß dieser, wie er sollte, zum Sonntag bei Dir ist; aber da er am *Freitag* abgeht, so fürchte ich sein Unstern läßt ihn bis Dienstag unterwegs sein. Leb herzlich wohl, ma reine und habe Geduld mit Deinem treuen Sklaven, der bis zum 20. zweien Herren dient. Dein

B.

In der Uhlichschen Sache ist noch weiter nichts passiert. Von der famösen Audienz der 95 Damen bei Göschel wirst Du in der Zeitung gelesen haben. Mulier taceat in ecclesia. Die Bellin ist in der größten Unruhe darüber ob die Wurst von der ich eben wieder frühstücke, geräuchert oder mit Holzsäure gebeizt ist.

Berlin, 30. Mai 1847

Très-chère Jeanneton

Dein Brief von vorgestern den ich eben erhalte, hat mich recht innig erfreut, und eine erfrischende frohere Essenz in mich gegossen; Dein freudigerer Lebensmut teilt sich mir sofort mit. Ich will damit beginnen Dich über Deine trüben Ahnungen von

Donnerstag Abend zu beruhigen. Während Du von ihnen geplagt wurdest, erfreute ich mich grade des lang entbehrten Wohlseins, einmal wieder in einem behaglichen Schönhauser Bett zu liegen, nachdem ich von dem Berliner Chambregarnie-Lager Wochenlang gelitten hatte. Ich schlief sehr fest, wenngleich auch mit bösen Träumen, Alpdrücken, was ich einem späten und reichlichen Diner zuschrieb, da die friedlichen Beschäftigungen des Tages vorher, bestehend in Besichtigung viel versprechender Saaten und wohlgenährter Schafe, neben der Nachholung von allerhand Deich- Feuer- und Wege-polizeilichen Anordnungen keinen Grund dazu abgeben konnten. Du siehst wie wenig Du auf das mütterliche Erbteil der Ahnungen geben darfst. Auch über die Nachteile der Landtagsaufregung für meine Gesundheit kann ich Dich vollständig beruhigen. Ich habe ausgefunden was mir fehlte, körperliche Bewegung, bei geistiger Aufregung und unregelmäßiger Diät. Ich bin gestern in Potsdam gewesen um dem Wasser-Corso beizuwohnen: ein heitres Bild. Die großen blauen Becken der Havel, mit der prächtigen Umgebung von Schlössern, Brücken, Kirchen, belebt von einigen Hundert festlich geschmückten Booten, deren Insassen, geputzte Herrn und Damen sich mit einer Verschwendung von Blumensträußen bombardieren, sobald sie sich im Vorbeifahren oder an einander Legen abreichen können. Das Königspaar, der ganze Hof, Potsdams schöne Welt und halb Berlin wirbelten in dem Knäuel von Booten lustig durcheinander, Royalisten und Liberale, alles warf trockne und nasse Blumen auf den nächsten Erreichbaren. Drei still liegende Dampfschiffe mit Musikchören bildeten den Mittelpunkt der stets wechselnden Gruppe. Viele lange nicht gesehne Bekannte konnte ich flüchtig und unerwartet begrüßen und bewerfen. Mein Freund Schaffgotsch ist ein leidenschaftlicher Spaziergänger, und veranlaßte uns die fast ³/₄ Meilen Rückweg zum Bahnhof zu Fuß zu machen, in einer Gangart wie ich lange nicht gelaufen bin. Danach habe ich vorzüglich geschlafen, bis 9 Uhr, und befinde mich heut in einem körperlichen Gleichgewicht wie seit lange nicht. Da mir die etwas staubigen Tiergartenpromenaden in der Zeit, die ich dazu übrig habe nicht hinreichendes Durchschütteln gewähren, so wird morgen Mousquetaire hier eintreffen, um mit seinem flotten Galopp dem, welchen die Politik in meinem Kopfe tanzt, das Gegenspiel zu halten. – Mein Plan mit Berlin und gleich Hochzeit etc., war allerdings bei ruhigem Blut betrachtet, etwas abenteuerlich; aber bei dem Juli wird es hoffentlich bleiben. Wenn ich, wie du sagst von einem »unausstehlichen, schwermütigen, *nerven*kranken Geschöpf« gequält werden soll, so ist es am Ende gleichgültig, ob mir diese Qual von meiner Braut, oder – verzeih den Ausdruck – von meiner Frau angetan wird. Ich werde das Unglück in beiden Fällen mit *philosophischer* Standhaftigkeit zu tragen suchen; denn so schlimm wird es hoffentlich nicht werden, daß ich tiefer graben, und christlichen Trost dagegen begehren müßte. – Wann der Landtag endigt kann so eigentlich noch niemand wissen; gesetzlich soll er am 7. Juni vorbei sein; wird er verlängert, so soll es nach Allem, was die Minister bisher äußern, auf keinen Fall um mehr als 14 Tage sein; ob um soviel, ist aber noch unsicher. An den Wollmarkt kehre ich mich nicht, den überlasse ich teils Bellin teils meinem Bruder. Ein lästiges Geschäft ist noch die Übergabe von Kniephof die am 9. oder 10. sein soll, namentlich weil ich noch nicht weiß, ob ich dann von hier auf 4 Tage fortgehn kann. Moritz kann ich während der Wollschur und den andern Vorbereitungen zum Markt das auch nicht zumuten. – Heut soll Dein Reithut abgehn, und ein Paar sehr reiche rote Pantoffeln, die ich in meinem eignen Interesse so leicht wie möglich ausgesucht habe. An dem Hut wird Dir die Krempe vielleicht zu schmal sein. Aber es trägt niemand andre, und zur bloßen Bequemlichkeit gegen die Sonne, ohne Rücksicht auf Aussehn, wird doch nichts besser sein als eine tüchtige Strohkiepe. Heut am lieben Sonntag muß ich endlich einmal meine vielen Deich- und Privatschrereien aufarbeiten, die hier mahnend liegen. Der Vater ist wohl. Herzlichste Grüße an die Mutter. Dein treuster

B.

[Berlin], 22. Juni 1847

Dearest! Wieder einen ganz kurzen windbeutligen Brief, nur um Dir zu melden, daß ich an Dich denke und Dich noch ein klein wenig liebe, auch wahrscheinlich am 19. nicht von hier abreise, da heut schon der 22. ist. Dagegen kann mit Sicherheit angenommen werden, daß ich Sonnabend den 26. Berlin verlasse, und wenn irgend möglich am 29., dem Geburtstag meiner Schwester, auf der Reise nach Reinfeld durch Angermünde komme. Vorgestern waren wir bei unserm Freunde dem Könige, und wurde ich von den hohen Herrschaften sehr verzogen, und bin nun so stolz, daß ich immer über Deinen Kopf wegsehn werde, und nur in seltnen Augenblicken der Herablassung mein Auge zu Deinem schwarz-grau-blauen niederschlagen. Mir und deinem Vater geht es sonst wohl. Das Armband ist wieder hergestellt. Leb wohl Jeanne la noire, la chatte!

B.

An Johanna von Bismarck

Berlin, 23. September 1848

Mein Liebchen! Heut habe ich endlich Nachricht von Deinem Befinden, und danke Mutter sehr für den Brief. Ich wollte mit Melicher über Deinen Zustand sprechen, habe ihn aber heut nicht getroffen; ich werde ihm morgen früh noch schreiben, für den Fall daß ich nicht selbst noch zu ihm gehn kann, da ich mich morgen wieder nach Potsdam zurückziehe. Ich bitte die Mutter recht sehr, wenn Fricke manche Erscheinungen in Deinem Befinden auffällig sein sollten, doch sogleich Ruhbaums Rat einzuholen, und zwar nicht durch die Post, sondern durch Hildebrand und Mousquetaire an ihn zu schreiben, damit gleich Antwort ist. Die Post nach Rathenow geht sehr langsam. Ich fange an rechtes Heimweh nach Dir zu bekommen, mein Herz, und Mutters Brief stimmte mich heut ganz wehmütig und lähmend; das Herz eines Ehemannes und Vaters, wenigstens das meinige in diesen Verhältnissen, paßt nicht in das Treiben der Politik und Intrige. Am Montag wird der Würfel hier wohl fallen. Entweder zeigt sich das Ministerium schwach wie seine Vorgänger, und weicht aus, wogegen ich noch bemüht sein werde zu wirken, oder es tut seine Pflicht, dann zweifle ich keinen Augenblick, daß am Montag Abend oder am Dienstag Blut fließt. Ich hätte nicht gedacht daß die Demokraten dreist genug sein würden die Schlacht anzunehmen; aber ihr ganzes Auftreten deutet an daß sie es wollen. Polen, Frankfurter Bummler, Freischärler, alles mögliche Gesindel ist wieder vorhanden. Sie rechnen auf den Abfall der Truppen, wahrscheinlich durch die Reden einzelner unzufriedner Schwätzer unter den Soldaten dazu verleitet; aber ich denke sie werden sich sehr irren. Ich selbst habe keine Veranlassung die Sache hier abzuwarten, und Gott damit zu versuchen, daß Er mich in Gefahren schütze, die ich keinen Beruf habe aufzusuchen. Ich werde daher meine Person schon morgen in Sicherheit bringen. Geschieht den Montag nichts von Bedeutung, so komme ich am Dienstag zu Dir; geht die Sache aber los, so möchte ich doch noch in der Nähe des Königs bleiben; dort kannst Du aber (ich sage mit einem Seitenblick »leider«) mit Sicherheit annehmen, daß keine Gefahr sein wird. Heut hast Du keinen Brief von mir erhalten, weil ich einen Bericht wegen des Vereins an Gärtner geschickt habe, und Du von ihm erfahren haben wirst, daß es mir wohl geht. Diesen bekommst Du morgen, und am Montag schreibe ich wieder. Dienstag schickt mir Pferde. Gott segne und behüte Dich mein süßes Herz. Dein treuer

B.

Brandenburg, 23. Juli 1849

Meine geliebte Nanne! Soeben erhalte ich Dein Briefchen von Freitag, was mich einigermaßen beruhigt, da ich daraus entnehme daß unser Kleinchen nicht die Bräune, sondern den Stickhusten hat, der zwar schlimm, aber nicht so gefährlich wie jene ist. Du armes Lieb, hast Dich gewiß ganz krank gehärmt; es ist recht schön daß Du so guten Beistand an den Unsrigen und Predigers hast; doch seid Ihr alle etwas ohne Zuversicht, und ängstet Euch wohl unter einander statt Euch zu trösten. Barschall sagt mir eben, daß er diesen Croup-Husten bei allen seinen Kindern gehabt habe, daß er zu seiner Zeit in Posen endemisch gewesen, seine und andre Kinder wiederholentlich im Laufe weniger Tage davon befallen seien, jede Familie habe

Brechmittel bestimmter Art schon im Hause vorrätig gehabt, und mittelst derselben den Feind jedesmal leicht und ohne bleibende Folgen für das Kind bekämpft. Sei also getrost und vertraue Gott dem Herrn, er zeigt uns die Zuchtrute wohl die er für uns in Bereitschaft hat, aber ich habe das feste Vertrauen, er steckt sie wieder hinter den Spiegel. Ich habe als Kind auch an dem Keuchhusten bis zur Lungenentzündung gelitten, und bin doch ganz ausgewachsen. Ich habe die größte Sehnsucht bei Dir zu sein, mein Engel, und ich denke Tag und Nacht an Dich und Deine Sorge und an das kleine Wesen, unter all dem wüsten Wirrwarr der Wahlen. Du hast wohl einen Brief aus Schönhausen vom Mittwoch und einen von hier am Freitag geschriebnen erhalten. Die Umtriebe sind hier zu leidenschaftlicher Höhe gestiegen, nicht im Volk sondern unter den Honoratioren. Die Demokraten sehn hinter den Kulissen zu und reiben sich vergnügt die Hände. Hier in Brandenburg ist die Zentrumspartei der unsrigen entschieden überlegen, auf dem Lande hoffentlich umgekehrt, doch läßt sich das nicht übersehn; es ist unglaublich, welche Räubergeschichten die Demokraten den Bauern von mir beibringen, so daß mir einer aus dem Schönhauser Kreise, 3 Meilen von uns, gestern vertraute, wenn mein Name bei ihnen genannt werde, so gehe einem ordentlich ein »Grusel« von oben runter, als wenn man gleich ein Paar »altpreußische Fuchtelhiebe« übergezogen erhalten sollte. Wie neulich ein Gegner in einer Versammlung gesagt hat, Bism. Schönh. wollt ihr wählen, ihn »der in des Landmanns Nachtgebet hart neben an dem Teufel steht?« (Grillparzers Ahnfrau.) Und ich bin doch der sanfteste Mensch von der Welt gegen die gemeinen Leute. Im Ganzen ist mir meine Wahl hier unter diesen Umständen sehr zweifelhaft, und da ich an eine Wahl dort, wenn ich nicht selbst da bin, auch nicht glaube, so können wir, wenn es Gottes

Wille ist, den übrigen Sommer ruhig zusammenleben, und ich werde Dich auf den Schreck mit dem Kinde wieder zurecht streicheln, mein Liebling. Wegen meiner persönlichen Sicherheit sei *ganz* unbesorgt; von der Cholera hört man hier nur in einem Brief aus Reinfeld. Es ist Hauptregel, von ihr, wenn sie Euch näher kommen sollte, so wenig als möglich zu sprechen; dadurch gibt einer immer der Angst des Andern Nahrung, und die Furcht vor ihr ist die leichteste Brücke auf der sie in den menschlichen Körper dringt. Solche Fälle wie mit dem Grumbkowschen und in Vessin solltet ihr doch der N[euen] Pr[eußischen] Zeitung mitteilen, das macht immer etwas Feuer hinter die Beamten von wegen der Untersuchung. Ich befinde mich wohl, aber bis zum Unerträglichen gelangweilt von diesen erbärmlichen Wahlbemühungen, wo man nie mit politischen Überzeugungen, sondern mit den jämmerlichsten persönlichen Eitelkeiten und Intrigen zu kämpfen hat. Gott schütze Dich und Dein Kind, und alle die Unsrigen. Dein treuster

v. B.

Die Brieftasche und den Gürtel hat Bellin doch geschickt? Adressiere nur wieder hierher. Laßt nur nicht die Türen immer alle auf, da bekommt das Kind oft einen Zugstoß, wenn einer öffnet, ehe Ihr es hindern könnt.

Berlin, 8. September 1849 (Poststempel)

Mein Niedchen, ich habe Dir heut früh 2 Worte geschrieben, und habe heut Abend grade Zeit 2 hinzuzufügen. Wie es mir heut früh als ich Dir schrieb mit dem Schwätzer Beckerath erging, wirst Du in der Zeitung sehn. Ich hatte aber meinen bornierten, gedächtnislosen Morgen, wegen Erkältung und radikalem Stockschnupfen. Ich vergaß deshalb das Beste was ich ihm erwidern wollte. Es wird wohl in dem heutigen Zuschauer stehn, ich habe ihn noch nicht gelesen. Von dem gemästeten Kalbe des verlornen Sohns, und die Geschichte von Beckerath und dem Steinschen Antrage, es war unglaublich wie ich das vergessen konnte, über die Maßen dumm und unwiederbringlich. Aber ich war wie vernagelt. Gott mochte es nicht wollen. Die Gelegenheit, einmal nicht beim Schopf gefaßt, kommt nicht wieder. Das mit dem Steinschen Antrage hätte Beckerath total vernichtet, und ich ärgre mich den ganzen Tag darüber; aber es sollte nicht sein, als ich auf die Tribüne ging, hatte ich die Absicht es zu sagen. Seitdem habe ich mit Fritz in der Dragonerkaserne diniert, Arnim war auch da; viel Champagner getrunken, viel mit dem philanthropisch-unchristlichen Oriola disputiert, und nun will ich zu Manteuffel gehn. Der Frau Geburtstag ist heut. Ich werde zum erstenmal sehn, wie einem Menschen von der Opposition in ministeriellen Salons zu Mute ist. Denn Opposition bin ich seit gestern. Brandenburg und Manteuffel sind im Herzen mit mir einverstanden aber öffentlich nicht, weil sie an den Majoritätsbeschluß der übrigen Minister gebunden sind. Leb wohl, mein Geliebtes, wenn ich nur erst eine Wohnung hätte, ich sehne mich recht Dir die Torheiten der Menschen zu klagen. Hans sitzt nebenan und bearbeitet seine Rede zu Zeitungsartikeln. Gott mit Dir mein Herz.

 Dein   v. B.

Meine liebe Nanne, während ich als Schriftführer hoch auf dem Throne neben meinem jüdischen Präsidenten sitze, und vor mir der edle Heinrich Gagern, außer Dienst eine gutmütige Fleischmasse, in den hohlsten Tönen seines Resonanzbodens *gegen* Vincke predigt, war ich über dieses dumpfe Gemurmel sanft entschlafen, fuhr eben in die Höhe und dachte ich könnte diese Mußezeit besser nutzen, um Dir zu sagen daß ich gesund bin und sehr artig, und Dich sehr liebe und Euch alle, und daß es dabei bleibt, spätestens Mitte nächster Woche sind wir fertig, wahrscheinlich Dienstag; und dann, keine Macht soll je zerstöhöhören, unsrer Herzen festen etc. Wir von der Rechten denken heut »Pack schlägt sich Pack verträgt sich«; die Linken zanken sich vor unsern Augen höchst leidenschaftlich unter einander über das Wahlgesetz; bourgeois gegen Proletarier; laß sie zanken.

Eben erhalte ich Deinen Brief. Ich muß plötzlich schließen um aufzurufen

Dein tr. v. B.

Berlin, 16. November 1850 (Poststempel)

Meine geliebteste Nanne

Wenn Du nicht fest auf Gott vertraut hast, so hast Du einstweilen eine unnötige Angst ausgestanden. Für den Augenblick ist garkeine Wahrscheinlichkeit von Krieg; so wenig daß man in Verlegenheit zu sein scheint, wie man die Truppenmassen mit guter Manier wieder los wird. Die Oestreicher haben in der Hauptsache, in der Frage wie es künftig in Deutschland gehalten werden soll, nachgegeben; ebenso bleiben ihre Truppen in

Hessen einstweilen stehn, und unsre halten die 3 preußischen Straßen durch Hessen besetzt. Die Hessische und Holsteinische Sache haben übrigens für Preußen, und namentlich für unsre Partei, nicht das Interesse, daß es deshalb lohnte Menschen, und gar Soldaten zu opfern. Ich kam vorgestern Abend hier an, um 10, ging gleich zu Stockhausen, fand ihn nicht, dann zu Manteuffel (und wieder im Reisekleid, da ich den Schlüssel entweder in R. gelassen oder verloren habe), der sagte mir ich möchte nur nicht nach Stendal reisen, da die Kammermenschen hier nötig gebraucht würden, und da ich am gestrigen Morgen mit einem rasenden Kopfschmerz aufwachte, so reiste ich nicht. Den Tag über hörte ich von allen gut unterrichteten Seiten daß auf Krieg wahrscheinlich garnicht, für den Augenblick gewiß nicht zu rechnen sei, so blieb ich ruhig hier und schreibe nur nach Stendal; ich habe dem Major auch geschrieben, warum Hildebrand nicht vorhanden ist, und wenn er kommen soll, so möchten sie ihm die Ordre nach Reinfeld schicken; erhält er die, so muß er gleich abgehn. Mousquetaire kann einstweilen zu Hause bleiben. Die Rüstungen werden fortgesetzt, bis die Verhandlungen mit Oestreich wirklich abgeschlossen sind, wenn nicht etwa die Oestreicher ihre Truppen früher entlassen. Der nächste Grund der Mobilmachung war, daß Oestreich 150000 Mann ausheben ließ, und in Baiern und Böhmen zusammen 80000 Oestreicher stehn, die in 14 Tagen vor Berlin sein konnten, ohne daß ihnen etwas entgegenstand. Man hätte sich aber begnügen sollen, 3 oder 4 Armee-Corps mobil zu machen; sie mußten zwar *gleich* Truppen haben, und deshalb die nächsten Provinzen mobil machen, und die entfernteren mußten herangezogen werden, da es sonst für sie zu spät werden konnte. Jetzt spricht man davon die einmal aufgebotnen Massen gegen Frankreich zu werfen; das sind Luftschlösser, aber viel bessere als früher: Ich bleibe hier, und habe nach Stendal geschrieben, daß alles was für mich ankommt, hierher geschickt wird. Gestern konnte ich vor Abend nicht zum Schreiben kommen; alles ist hier und überlief mich, und dann war ich so müde und von Kopfschmerz geplagt, den ich den ganzen Tag nicht los wurde, daß ich zu Bett ging. Der König und der Pr. v. Pr. sind für Krieg, und die Minister haben schweren Stand dagegen (davon wird aber zu niemand gesprochen! als zu den Eltern) die Kammern wenn sie sehr wild sind können uns noch Krieg bringen; aber wahrscheinlich ist es kaum. Meine Stelle in der Schwadron wird besetzt werden, und ich erhalte, wenn es wider Erwarten doch noch los gehn sollte, anderweite Verwendung. Gott schütze Dich und die unsern ferner mit seiner treuen Liebe. Dein treuster for ever

vB.

Ängstige Dich nicht wegen m. Gesundheit; ich bin heut sehr wohl, und hatte gestern nur Kopfweh weil ich törichter Weise unterwegs garnicht gegessen hatte.
Ich muß heut noch sehr schreiben. Weihnachten bin ich bei Euch, wie ich nie zweifelte. Theodor ist hier, und tritt richtig ein. Malle ist *ganz* allein, niemand in Kröchld., *alle* ihre Leute fort. Meineke als letzter begegnete mir hier. Theodor hat die I. pommersche Brigade bekommen.

Frankfurt/Main, 23. Juni 1851

Mein Liebling, wie hübsch war das von Euch, daß Ihr mir alle geschrieben habt, eine rechte Stärkung für mich, daß ich mich so ganz in Reinfeld hineinlesen konnte. Ich fand die Briefe als ich von einer mehrtägigen Exkursion nach Baden kam, bei Gelegenheit einer Denkmals-Einweihung für unsre Husaren und meinen Freund Busch, die vor 2 Jahren bei dem Gefecht unter Prinz Friedrich Carl geblieben waren, bei Wiesenthal unweit Philippsburg. Wir hatten dann Diners mit sehr viel Wein, Husaren, Offiziere und Gemeine, Dragoner, badische Minister, Savigny und andre Diplomaten. Mit Charles habe ich mich ganz wieder befreundet, und wünsche, daß er in Carlsruh bleibt, während Rochow für seine Abberufung tätig ist. Auf mein vieles Begehren ist nun auch Carl Canitz aus Portugal verschrieben, und wird entweder Savigny's Nachfolger, falls dieser nach Turin kommt, oder erhält einen andern Posten hier in der Nähe; da hast Du ja zwei nette Freunde dann, wenn Du überhaupt herkommst, was insofern zweifelhaft ist, als ich entschlossen bin nur als Bundestagsgesandter hier zu bleiben; wollen sie mich in meiner jetzigen Stellung lassen, so steht uns ein friedlicher Nachsommer in Stolpmünde und ein sehr netter Herbst in Reinfeld gemeinsam bevor, denn in meiner jetzigen Position bin ich auf die Dauer nichts nutz, und ich gehe recht gern und ohne Groll wieder nach Hause, wenn sie mir nicht Wort halten, worüber ich allerdings noch nichts Bestimmtes weiß; aber Zeit wäre es, daß ich es erführe, denn ein rechtlicher Familienvater kann nicht immer in mobilem Stande sein. Werde ich nicht Gesandter, und in Brandenburg nicht wiedergewählt, worüber ich noch keine Nachrichten besitze, so will ich mich recht freuen, mit Dir mein süßes Herz und den Kindern einmal wieder ein recht stilles freudenreiches Jahr zu verleben. Die duftigen Heidelberger Waldberge und der von Dir so viel bewunderte Efeu am Schloß, ließen mich träumen und nachdenken, ob ich wohl mit Dir und babies, oder doch Miechen wenn der Jung zu klein ist, in diesem Jahre einmal da stehn und die Sonne würde sinken sehn. Was ist doch das Baden schön, und die Leute sind charakterlos, durch die Verträge des letzten Menschenalters zusammengeworfen unter einem nicht angestammten Fürstenhause, aber sie sind gutmütig, und es war mir rührend wie sie unsre Husaren liebten, grüßten, ihre Freude und Dankbarkeit an den Tag legten. In einer Weinstube wo ich in Bruchsal Abends mit 6 oder 8 Offizieren war, wollten Wirt und Wirtin für unsern, nicht unbeträchtlichen Verzehr durchaus keine Bezahlung nehmen, die Ehre preußische Offiziere einmal wieder bei sich gehabt zu haben genügte ihnen. Einen alten ehemaligen Unteroffizier des Regiments, Barella, einen Polen, hatten die Husaren mitgebracht. Dessen einziger Sohn war damals mit dem Regiment ausmarschiert, und der Alte hatte ihm gesagt zum Abschied: Gott erhalte dich mir, aber nimmst du Pardon von den Schuften, so komm nicht wieder auf meine Schwelle. Der Junge hatte sich bei der Attacke versprengt, war von den Insurgenten umringt worden, aufgefordert sich zu ergeben und antwortete: Von Euch nimmt ein Preußischer Husar kein Pardon Ihr Hundsv., und sie stachen ihn vom Pferde. Der Alte weinte bitterlich auf seinem Grabe, und sagte mir im vollen Weinen: Der brave Junge starb wie ein Husar, das war er dem König schuldig. – Ich habe so lange im Main geschwommen heut, daß mir die Hand ganz steif ist beim Schreiben. Gestern mußte ich am lieben Sonntag und bei dem reizenden Wetter den ganzen Tag hier sitzen, von 10 Morgens bis 8 Uhr Abends stand mir die Feder nicht still, und ich aß nichts zu Mittag, weil ich einmal im Zuge war, dafür bedaure mich nur recht. Wegen der Hanslichen Hochzeit wollen wir noch keine Entschlüsse fassen, das kann man so lange nicht voraus berechnen. Bekommt Dir das Seebad, wie ich hoffe, so solltest Du es nicht unterbrechen. Gestern war ich wieder zu einer Landpartie eingeladen, sagte aber ab, und kam mir sehr artig vor daß ich statt dessen so viel arbeitete. Zwischen diesem Brief habe ich schon wieder einen dienstlichen nach Berlin schreiben müssen, und nun ist es 5, da muß ich essen, denn ich habe seit 48 Stunden nur 1 Beefsteak genossen und die reglementsmäßigen 6 Tassen Tee, befinde mich aber äußerst wohl. Um 6 geht die Post und ich mag den Brief nicht bis morgen aufhalten, da ich Dir seit Mittwoch nicht geschrieben, wo das Rothschildsche Diner war. Da war viel Zentner Silberzeug, goldne Gabeln und Löffel, frische Pfirsichen und Trauben, und vorzügliche Weine. Möge Gott uns immer unser täglich Brot und unsre zu zahlenden Zinsen bescheren, und Dich mein süßes Herz und Eltern und Kinder gesund erhalten und reichlich segnen mit seiner Barmherzigkeit, dann bin ich sehr zufrieden, sei es hier oder in Pommern. Lebwohl mein Engel. Dein treuster

v. B.

Schreibe nicht bei Licht in diesen langen Tagen, bitte. Der Pudel ist heut mit Seife gewaschen, schneeweiß, und grüßt Miechen.

Frankfurt/Main, 26. Juni 1851

Mein Liebling, den ganzen Tag habe ich heut an Heimweh gelitten. Früh erhielt ich Deinen Brief vom Sonntag, und dann saß ich im Fenster und roch den Sommerduft von Rosen und allerhand Sträuchern im Gärtchen, wobei ich aus irgend einem Fenster schräg gegenüber eine Deiner lieben Beethovenschen, von unbekannter Hand auf dem Piano gespielt, fern und bruchstückweise herübertönen hörte, was mir schöner klang als irgend welches Konzert. Ich dachte viel daran, weshalb ich doch lange und so weit von Dir und den Kindern fort sein muß, und so viele Leute die sich gar nicht lieben sehn einander vom Morgen bis zum Abend. Es sind nun über 7 Monat daß ich in Reinfeld die Ordre zum Regiment bekam; seitdem haben wir uns zweimal flüchtig besucht, und es werden 8 oder 9 Monat werden, ehe wir wieder vereinigt sind. Es muß doch des Herrn Wille sein, denn ich habe es nicht gesucht und es ist mir ein Trost wenn ich traurig bin, daß ich auch nicht eine Silbe geredet habe um hier her zu kommen, und der Ehrgeiz nach äußerm Glanz mein Führer zu dieser Trennung nicht gewesen ist. Wir sind nicht auf dieser Welt um glücklich zu sein und zu genießen, sondern um unsre Schuldigkeit zu tun, und je weniger meine Lage eine selbstgemachte ist, um so mehr erkenne ich daß ich das Amt versehn soll in das ich gesetzt bin. Und ich will ja nicht undankbar sein, da ich dennoch glücklich bin, in dem Bewußtsein so viel Liebes zu besitzen, wenn auch weit von hier, und in der Hoffnung eines frohen Wiedersehns. Mein erstes Gefühl bei jedem Brief aus Reinfeld ist Dank aus vollem Herzen für das unverdiente Glück daß ich Euch noch habe auf dieser Welt, und bei jedem Todesfall von Weib oder Kind den ich in der Zeitung sehe, fällt es mir auf die Seele was ich zu verlieren habe, und was der barmherzige Gott mir gegeben und bisher erhalten hat. Möchte die Dankbarkeit dafür doch mein trotziges und weltliches Herz so empfänglich machen für die Gnade des Herrn, daß Er nicht nötig hat mich zu züchtigen in dem was ich liebe, denn davor fürchte ich mich mehr als vor jedem andern Übel. Du fragst nach Altlutheranern mein Herz; ich habe noch niemand gefunden heut, der mir darüber Auskunft geben könnte, aber ich glaube ohne das gewiß zu sein, daß hier von Union

niemals die Rede gewesen ist, und die Leute in der Art lutherisch sind, wie seit Luther her, und wie bei uns ehe die Idee von
der Union auftauchte. Lutheraner und Reformierte sind hier
immer geschieden gewesen und sind es noch; ich will aber zum
Überfluß mich näher erkundigen. Ich werde hier etwas reformiert und rede noch immer französisch zu Gott, weil es mir
jedesmal zu spät wird um einen mir als sehr gut empfohlnen
lutherischen Prediger draußen in Sachsenhausen zu besuchen.
Willst Du Dein Instrument ausgebessert haben, ohne Rücksicht
darauf ob es hierher soll oder nicht, so schreibe an Bellin daß er
es schickt oder an Vogt, daß er es holen läßt; soll es aber für
Frankfurt verjüngt werden, so warte noch bis ich die Ernennung
in der Tasche habe; in einigen Wochen muß sich die Sache
entschieden haben, ob ich Gesandter hier werde oder in Reinfeld. Die Oestreicher wühlen in Berlin gegen meine Ernennung, weil mein schwarz-weiß ihnen nicht gelb genug ist, aber
ich glaube kaum, daß sie durchdringen werden, und wirst Du
wohl in das kalte Wasser der Diplomatie springen müssen, mein
Armchen, und der Junge das Unglückswurm wird zur Berliner
Geburt noch süddeutschen Akzent bekommen. Ich will so gern
zur Hochzeit nach Kreppelhof, aber die Aussicht ist schwach.
Ich habe nun zu meinen andern Geschäften noch die Vertretung unsres Gesandten bei Hessen, Nassau und Stadt Frankfurt
zubekommen, der auf unbestimmte Zeit beurlaubt ist, und
grade Anfang August geht Rochow fort wie er sagt, ebenso mein
Assistent der Geh. Rat Gruner, der gleichfalls nur provisorisch
hier ist. Könnte ich Deine Abholung gleich mit der Hochzeitsreise verbinden, so möchte es gehn, aber vor Ende August wirst
Du weder mit Baden fertig, noch werde ich voraussichtlich eher
hier aus dieser Galere fort können auf 14 T. bis 3 Wochen, denn
soviel würde inclusive Schlesien doch wohl drauf gehn. Doch

bis dahin läuft noch viel Wasser den Main entlang, und ich gräme mich nicht vor der Zeit. Wie gern möchte ich einmal plötzlich um die Buschecke auf dem Rasenplatz biegen, und Euch im Saal überraschen. Ich sehe Dich so deutlich mit den Kindern wirtschaften, Miechen zudeckend mit vernünftigen Reden, und Väterchen an seinem Schreibtisch rauchend mit dem Schulzen neben sich und Mutschchen bei schlechter Beleuchtung auf ihrem Sofa kerzengrade eine Hand auf die Seitenlehne gelegt, oder Musée français sich dicht vor die Augen haltend – gebe Gott, daß Alles so regelmäßig in Reinfeld in diesem Augenblick aussieht. Von Hans habe ich endlich einen Brief, und einen sehr lieben, wider seine Gewohnheit geheimnisvollen, aus Rücksicht auf die Postspione. Du kannst dir denken, *wie* mir Senfft unter diesen Umständen schreibt, von dem ich vor einigen Tagen einen Brief ohne Unterschrift erhielt, aus dem der scharfsinnigste Brief-Corsar gewiß nicht herausgelesen hat worauf er sich eigentlich bezog. Wenn Du gewisse unverständliche Notizen am Schwanz des Zuschauers mitunter bemerkst, so werden die Dir dadurch noch rätselhafter werden, und dem Schafskopf, der diesen Brief erbricht doch unverständlich bleiben, wenn ich Dir sage, daß sie zu meiner Korrespondenz gehören. Gib mir nur recht oft Nachricht, mein geliebtes Herz, wenn auch kurz, damit ich die Beruhigung habe, daß Ihr gesund seid und lebt. Einliegende Blättchen habe ich im Garten des alten Amschel Rotschild für Dich gepflückt, der mir gefällt, weil er eben ganz Schacherjude ist und nichts anders vorstellen will, dabei ein streng orthodoxer Jude, der bei seinen dîners nichts anrührt und nur gekauschertes ißt: »Johann, nimm mit Dir epps Brot, vor die Rehcher«, sagte er zu seinem Diener als er ging mir seinen Garten zu zeigen, in dem zahmes Damwild ist. »Herr Beraun, die Pflanze koscht mich 2000 Gülden, uf

Ehre 2000 baare Gülden, laß se Ihne for 1000, oder wolle Se habe geschenkt, so soll er se Ihne bringe in Ihr Haus, waiß Kott, ich schätze Se aufrichtig, Herr Beraun, Se sind a scheener Mann, e braver Mann«; dabei ist er ein kleines magres eisgraues Männchen, der Älteste seines Stammes, aber ein armer Mann in seinem Palast, kinderlos, Witwer, betrogen von seinen Leuten und schlecht behandelt von vornehm französierten und englisierten Neffen und Nichten die seine Schätze erben, ohne Dank und ohne Liebe. Gute Nacht mein Engel, es schlägt 12, ich will zu Bett gehn und mir Cap. 2. der II. Ep. Petri lesen. Ich treibe das jetzt mit System, und wenn ich Petri auf Deine Empfehlung aushabe, will ich die Ebräer lesen, die ich noch garnicht kenne. Möge Gottes Schutz und Segen mit Euch allen sein. Dein treuster

v. B.

Schreib und lies nicht bei Licht, mein Herz. Heut hatte ich einmal wieder die Freude einen Menschen Du zu nennen, außer Hildebrand, ein Grf. Brockdorf aus Holstein, mit dem ich in Göttingen manche dumme Streiche gemacht, und der nach langen Jahren unverhofft kam um zu sehn ob ich derjenige wäre welcher.

Ofen, 23. Juni 1852

Mein Liebchen

So eben komme ich vom Dampfschiff, und weiß den Augenblick der mir bleibt, bis Hildebrand mit meinen Sachen nachfolgt, nicht besser anzuwenden, als indem ich Dir ein kleines Liebeszeichen von dieser sehr östlich gelegnen aber sehr schönen Stelle schicke. Der Kaiser hat die Gnade gehabt mir Quartier in seinem Schlosse anzuweisen, und ich sitze hier in einer großen gewölbten Halle am offnen Fenster, zu dem die Abendglocken von Pest hereinläuten. Der Blick hinaus ist reizend. Die Burg liegt hoch, unter mir zuerst die Donau, von der Kettenbrücke überspannt, dahinter Pest, welches Dich an Danzig erinnern würde, und weiterhin die endlose Ebene über Pest hinaus, im blauroten Abendduft verschwimmend. Neben Pest links sehe ich die Donau aufwärts, weit sehr weit; links, von mir d. h. auf dem rechten Ufer, ist sie zuerst von der Stadt Ofen besäumt, dahinter Berge wie die Berici bei Vicenza, blau und blauer, dann braunrot im Abendhimmel, der dahinter glüht. In der Mitte beider Städte liegt der breite Wasserspiegel wie bei Linz, von der Kettenbrücke und einer waldigen Insel unterbrochen. – Es ist auf meiner Oehre ausgeßeuchnet; nur *Du* mein Engel, fehlst mir, um diese Aussicht *mit Dir* genießen zu können, dann wäre sie *ganz* schön. Auch der Weg hierher, wenigstens von Gran bis Pest würde Dich gefreut haben. Denke Dir Odenwald und Taunus nahe aneinandergerückt, und den Zwischenraum mit Donauwasser angefüllt, und mitunter, besonders bei Wisserad, etwas Dürrenstein-Agstein. Die Schattenseite der Fahrt war die Sonnenseite; es brannte als ob Tokayer auf dem Schiffe wachsen sollte, und die Menge der Reisenden war groß; aber denke Dir, nicht Ein Engländer, die müssen Ungarn noch nicht entdeckt haben. Übrigens sonderbare Käuze genug, von allen orientalischen und occidentalischen Nationen, schmierige und gewaschene. Ein recht liebenswürdiger General v. Kudriafsky war meine Hauptreisegesellschaft, mit dem ich fast die ganze Zeit über oben auf dem Radkasten gesessen und geraucht habe. Nachgrade werde ich ungeduldig wo Hildebrand bleibt; ich liege im Fenster halb mondscheinschwärmend halb auf ihn wartend wie auf die Geliebte, denn mich verlangt nach einem clean shirt. Den 26. höre ich bricht S. Majestät von hier wieder auf, und ich denke dann mich bald zu beurlauben, sodaß ich jedenfalls vor der freudigen Katastrophe bei Dir eintreffe. Lynar will eine Molkenkur, teils in Ischl teils in Baden-Baden gebrauchen; ich kann ihm nicht zureden mit mir wieder nach Frankfurt zu gehn, denn da wird er wieder ganz hypochonder. Frage doch Thun wie es mit den Ferien würde, und schreibe mir darüber. Ich wäre jederzeit für Ferien, und für sehr lange. In der Hoffnung daß ich Anfang Juli noch in Frankfurt anlange wäre es mir recht lieb wenn die Ferien erst zum 1. Aug. anfingen, es treibt mich dann von Berlin aus noch schneller nach Frankfurt, wenn ich Sitzungen statt ehelicher Sehnsucht vorgeben kann. Wärst Du doch einen Augenblick hier, und könntest jetzt auf die matt-silberne Donau, die dunkeln Berge auf blaßrotem Grund, und auf die Lichter sehn die unten aus Pest heraufscheinen; Wien würde sehr bei Dir im Preise sinken gegen Buda-Pescht, wie der Ungar sagt. Du siehst ich bin nicht nur ein verliebter, sondern auch Naturschwärmer. Jetzt werde ich mein erregtes Blut mit einer Tasse Tee sänftigen, nachdem Hildebrand wirklich eingetroffen ist, und dann bald zu Bett gehn, und von Dir träumen, mein Lieb. Vorige Nacht wurden es nur 4 Stunden Schlaf, und der Hof ist schauerlich matinös hier, der junge Herr selbst steht schon um 5 Uhr auf, da würde ich also ein schlechter Höfling sein, wenn ich sehr viel länger schlafen wollte. Daher, mit einem Seitenblick auf eine riesenhafte Teekanne und einen verführerischen Teller mit Kaltem in Gelée, unter Andern Zunge wie ich sehe, sage ich Dir gute Nacht aus weiter Ferne. Wo habe ich denn das Lied her was mir heut den ganzen Tag im Sinne liegt: over the blue mountain over the white sea-foam, come thou beloved one, come to thy lonely home! Ich weiß nicht wer mir das einmal vorgesungen haben muß, in auld lang syne. Mögen Gottes Engel Euch behüten, heut wie bisher. Dein treuster

vB.

Den 24. Nachdem ich sehr gut, obschon auf einem Keil-Kopfkissen geschlafen habe, sage ich Dir guten Morgen mein Herz. Die ganze Landschaft vor mir schwimmt in so heller brennender Sonne, daß ich garnicht hinaussehn kann ungeblendet. Bis ich meine Besuche beginne sitze ich hier einsam frühstückend und rauchend in einem sehr geräumigen Lokal, 4 Zimmer, alles dick gewölbt, 2 etwa so wie unsre Tafelstube in der Dimension, dicke Wände wie in Schönhausen, riesenhafte Nußbaumschränke, blauseidne Möbel, auf der Diele eine Profusion von ellengroßen schwarzen Flecken, die eine erhitztere Phantasie als meine für Blut ansehn könnte, ich aber décidément für Tinte erkläre; eine unglaublich ungeschickte Schreiberseele muß hier gehaust, oder ein andrer Luther wiederholentlich große Tintfässer gegen die Widersacher geschleudert haben. Ein sehr freundlicher alter Diener in hellgelber Livree teilt sich mit Hildebrand ins Geschäft, und meldet mir eben, daß Wagen und Pferde nach Belieben zu meiner Disposition ständen; überhaupt sind sie sehr liebenswürdig; das Dampfschiff fuhr gestern dem Vertreter des Königs zu Ehren unter großer Preußischer Flagge, und dank dem Telegraphen wartete Kais. Equipage am Landungsplatz auf mich. Sage das nicht Zietelmann, er schreibt sonst Artikel darüber. Unten treiben auf langen Holzflößen die sonderbarsten braunen, breithutigen und weithosigen Gestalten die Donau entlang. Es tut mir leid daß ich nicht Zeichner bin, diese wilden Gesichter, schnurrbärtig, langhaarig, mit den aufgeregten schwarzen Augen und der lumpig malerischen Draperie die an ihnen hängt, hätte ich Dir gern vorgeführt, wie sie gestern den Tag über mir unter die Augen kamen. Nun muß ich ein Ende machen und Besuche. Ich weiß nicht wann Du diese Zeilen erhältst; vielleicht schicke ich morgen oder übermorgen einen Feldjäger nach Berlin der sie mitnehmen kann. Herzliche Grüße an Mutter und Leontine. Leb wohl mein Herz, Gott segne Dich und unsre gegenwärtigen und zukünftigen Kinder. Dein treuster

v B.

Abends. Noch habe ich keine Gelegenheit gefunden, dies abzusenden. Wieder scheinen die Lichter aus Pest herauf, am Horizont nach der Theiß zu blitzt es, über uns ist es sternklar. Ich habe heut viel Uniform getragen, in feierlicher Audienz dem jungen Herrscher dieses Landes meine Creditive überreicht, und einen sehr wohltuenden Eindruck von ihm erhalten. 20jähriges Feuer mit besonnener Ruhe gepaart. Er *kann* sehr gewinnend sein, das habe ich gesehn, ob er es immer will, weiß ich nicht, er hat es auch nicht nötig. Jedenfalls ist er für dieses Land grade was es braucht, und mehr als das für die Ruhe der Nachbarn, wenn ihm Gott nicht ein friedliebend Herz gibt. Dann habe ich eine hübsche und liebliche Erzherzogin, geb. Prinzessin von Baiern, kennen gelernt. Nach der Tafel wurde vom ganzen Hofe eine Exkursion ins Gebirge gemacht, nach einem romantischen Punkt »zur schönen Schäferin«, die aber lange tot ist, der König Mathias Corvinus liebte sie vor vielen 100 Jahren. Man sieht von da über waldige, neckarufer-artige Berge auf Ofen, dessen Burg und die Ebene. Ein Volksfest hatte Tausende hinaufgeführt, die den Kaiser der sich unter sie mischte mit tobenden éljen (evviva) umdrängten, Csardas tanzten, walzten, sangen, musizierten, in die Bäume kletterten und den Hof drängten. Auf einem Rasenabhang war ein Souper-Tisch von etwa 20 Personen, nur auf einer Seite besetzt, die andre für die Aussicht auf Wald, Berg, Stadt und Land frei gelassen, über uns hohe Buchen mit kletternden Ungarn in den Zweigen, hinter uns dicht gedrängtes und drängendes Volk in nächster Nähe, weiterhin Hörnermusik mit Gesang wechselnd, wilde Zigeunermelodien. Beleuchtung Mondschein und Abendrot, dazwischen Fackeln durch den Wald; das Ganze konnte ungeändert als große Effektszene in einer romantischen Oper figurieren. Neben mir saß der weißhaarige Erzbischof von Gran, Primas von Ungarn, im schwarzseidnen Talar mit rotem Überwurf, auf der andern Seite ein sehr liebenswürdiger eleganter Cavallerie-General, Fürst Liechtenstein. Du siehst, das Gemälde war reich an Kontrasten. Dann fuhren wir unter Fackel-Eskorte im Mondschein nach Hause, und während ich die Abend-Zigarre rauche, schreibe ich noch an mein Liebchen und lasse das Aktenwesen bis morgen. Sage Frau von Vrints, ihr Bruder wäre ein sehr liebenswürdiger Mann, wie das nach den beiden Schwestern die ich kannte, nicht anders zu erwarten war, aber in Verhandlungen erstaunlich zähe. Mein Führer bei der heutigen Expedition war ein Sohn des Prager Fürsten Windischgrätz, dessen Frau, die Mutter dieses hiesigen, wie Du Dich erinnern wirst bei dem Aufstand 48 ermordet wurde, und zu dem Thaddens wallfahrteten. Der Sohn ist Adjutant des Kaisers. Eben erhielt ich eine telegraphische Depesche aus Berlin; sie enthielt nur 4 Buchstaben, »nein«. Ein inhaltschweres Wort. Ich habe mir heut erzählen lassen, wie dieses Schloß vor 3 Jahren von den Insurgenten gestürmt wurde, wobei der brave General Hentzi und die ganze Besatzung nach einer bewundernswert tapfern Verteidigung niedergehauen wurden. Die schwarzen Flecken auf meiner Diele sind zum Teil Brandflecken, und wo ich Dir schreibe tanzten damals die platzenden Granaten und schlug man sich schließlich auf rauchendem Schutt. Erst vor wenig Wochen ist dies zur Herkunft des Kaisers wieder in Stand gesetzt worden. Jetzt ist es recht still und behaglich hier oben, ich höre nur das Ticken einer Wanduhr und fernes Wagenrollen von unten herauf. Zum Zweitenmal wünsche ich Dir von dieser Stelle eine gute Nacht in die Ferne. Mögen Engel bei Dir wachen, bei mir tuts ein bärenmütziger Grenadier, von dessen Bajonnet ich 6 Zoll auf 2 Armeslängen von mir über den Fensterrand ragen und mein Licht widerspiegeln sehe. Er steht auf der Terrasse über der Donau, und denkt vielleicht auch an seine Nanne.

Paris, 27. August 1855

Mein Liebchen

Seit 3 Tagen liegt das Papier bereit Dir zu schreiben, und stets spült mich die Welle des tollen Treibens wieder vom Tische fort. Es ist immer etwas zu tun, und doch bleibt es ein geschäftiger Müßiggang. Soeben ist die Königin von England abgereist, stolz mit 8 geführten Pferden, im Schritt und mit großem Zuge, Kanonendonner und allem Zubehör; dann habe ich mit dem Herzog von Ratibor gefrühstückt, und das endlose Geschäft Paris zu besehn fortgesetzt. Gestern war dîner und Ball bei Hatzfeld, alle mögliche Völkerschaften, nur keine Russen. Vorgestern Ball in Versailles, sehr prachtvoll, und viele merkwürdige Menschen zu sehn. Ich wurde der Königin Victoria, dem Kaiser und der Kaiserin vorgestellt, und man hatte nach hiesigem Stil ungewöhnliche Liebenswürdigkeit für mich. Die Kaiserin ist schöner als alle Bilder die ich von ihr gesehn habe, ungemein graziös und lieblich, mehr das Genre von Malle als von Nelly, aber ein längeres schmaleres Gesicht wie erstre, schönere Augen und Mund und natürlich fabelhafte Diamanten. Die Ausstellung ist langweilig, mit Ausnahme der Gemälde. Millionen der verschiedenartigsten Gegenstände deren Namen man nicht weiß, und deren Masse einem auch ohne das betäubende Geschnurre der Maschinen die Klarheit des Eindrucks benimmt. Man würde mehre Wochen seine Zeit allein darauf verwenden müssen, um sich einigermaßen zu orientieren. Heut bin ich zum dîner bei Graf Walewsky, dem hiesigen Manteuffel, der eine sehr angenehme Frau, eine Italiänerin hat. Diese ewigen dîners lassen mich garnicht zur Ruhe, und besonders ins Theater kommen; man ißt um 7, mit Kaffee und Zigarre wird es 9, und eine halbe Stunde braucht man außerdem bei den fabelhaften Entfernungen. Von uns bis zu Moritz Bethmann heißt hier c'est tout près d'ici; es ist ärger als in London, wo man nur in einem *Teil* der Stadt sich bewegt. Eine Menge Straßen von früher sind ganz verschwunden, und lange grade wie die Friedrichstr., mit 400 und mehr Hausnummern dafür entstanden. Ich habe mich garnicht mit Löwentötung befaßt, man macht sich nur das Leben schwer damit, und jetzt ist mir Paris schon über, womit ich aber nicht sagen will, daß es mir bisher nicht *sehr* interessant gewesen wäre. Ich werde morgen oder übermorgen abreisen, um mich noch einige Tage im Lande umherzutreiben, entweder nach der Loire, oder nach Rouen und Rheims, je nachdem ich an Rederns und Ratibor, die dieselbe Absicht haben, Gesellschaft finde, und dann werde ich mich freuen wieder in unsern 4 Pfählen zu sein. Die eigentliche Reiselust ist mir doch vergangen. Können wir uns ein hübsches Plätzchen für einige Wochen noch ausfindig machen, so gehe ich gern mit Dir dahin; aber hier Dich herzubringen, das hat doch seine Bedenken. Die Gasthöfe sind fabelhaft überfüllt; man sagt daß sechsmalhunderttausend Fremde hier sind; ich schreibe es in Buchstaben, sonst denkst Du es ist eine Null zu viel. Die Teurung ist groß, und ich bin Hatzfeld sehr dankbar für das kleine Cabinet (noch nicht wie mein rotes) in dem ich wohne und schlafe. Dabei würdest Du Hatzfelds wegen nicht vermeiden können, hier der Gesellschaft einigen Tribut zu zahlen, und eine Menge fremder Bekanntschaften zu machen. Die Visiten und Gäste reißen nie ab im Hause.

Herzlichen Dank für Deine Briefe; nach dem ersten Stillstand von 8 Tagen habe ich nun 3, den heut durch Zietel erhaltnen mitgerechnet. Mir geht es sehr wohl, und ich danke Gott daß auch bei Euch bisher ein Gleiches ist. Wetter herrlich, besonders Abends, wenn wir mit Mondschein und Zigarre im Garten sitzen, dicht über der Seine, mit dem Blick auf diese und die Bäume und Lichter des Tuileriengartens am andern Ufer. Ich muß enden, sonst kommt der Brief auch heut nicht fort. Leb wohl mein Herz. 1000 Grüße an Eltern und Kinder. Dein treuster

v B.

Memel, 29. August 1857

Mein Liebling

Ich kann Dir zwar seit meinem vorgestrigen Briefe aus Berlin nicht viel Neues schreiben, aber Dir doch Nachricht geben, daß ich glücklich bis hierher gelangt bin, und Dir liebende Blicke über die See zuwerfe; wenn letzte nicht rund wäre, und meine Augen besser und das Wetter klarer, so könnte ich Dich vielleicht in dieser Sonnenuntergangsstunde auf der Stolpmünder Mole erblicken; Berge sind wenigstens nicht zwischen uns, denn ich glaube kaum, daß die Felsen von Weitenhagen bei der

Freich' an die grade Linie von hier nach der Molenspitze reichen. Von Nakel bis Dirschau habe ich meinen Gedanken die Richtung auf Reinfeld gegeben, und bei Elbing habe ich zwar nicht Hohendorf, aber doch den Drausensee gesehn, und etwas von Schlobitten. Ich lernte auf der Eisenbahn einen recht angenehmen Vetter von Keudell kennen, den Sohn von Sanden-Tussainen. In Königsberg fand ich noch keinen Brief von Dir, und habe ihn nach Polangen bestellt, wenn er kommt. Außer dem guten und nicht teuren Gasthof zum Deutschen Hause habe ich wenig von der Stadt der reinen Vernunft gesehn, bin heut früh durch raupenverwüstete Tannenwälder und bei dem künftigen Wohnsitz der Wagner vorbei, nach Kranz gelangt, und mich dort mit Engel allein auf ein Dampfboot gesetzt, welches mich in etwa 8 Stunden über das langweilige Haff hierher brachte. Auf halbem Wege, bei Schwarzort, stießen zwei Kahnladungen Damen, die Hälfte aller Memeler Honoratiorinnen, aus dem Seebade kommend, zu uns, und hier wurden sie von der andern Hälfte mit Jubel empfangen, sodaß ich am Landungsort alle hübschen Mädchen der Stadt um mich hatte, die im Ganzen nur von 3 Herren eskortiert waren, den Hunden der Lämmerherde. Ein recht freundlicher Anblick, nach diesem ewig langweiligen Haff. Von hier war meine Absicht heut noch Polangen zu erreichen, wozu man 3 Stunden nötig haben soll; aber das liebe Rußland wird Abends um 8 zugemacht, und wenn sich seine Pforten auch vielleicht mit silbernem Schlüssel öffnen ließen, so ist das Unterkommen bei einem dortigen Juden vielleicht doch noch schlechter, als der elende Gasthof, der hier unter dem Namen British hotel als erster unter zweien figuriert, und nach Wanzen aussieht obschon er vor 3 Jahren mit abgebrannt ist. Wüßte ich daß Flesch und Behr heut schon dort sind, so führe ich doch noch ins weite Rußland hinein.

Grüße Alt und Jung, und schreib mir bald nach Polangen, wo ich Nachsendungsordre hinterlasse. Leb wohl mein geliebtes Herz. Dein treuster

v B.

Petersburg, 29. März 1859

Mein liebes Herz

Mit Gottes Hülfe bin ich glücklich hier angelangt, einstweilen im Hôtel Demuth abgestiegen, und plötzlich 12 Tage jünger geworden, da man hier noch den 17. schreibt. Gestern schrieb ich Dir die Einlage aus Pskow, fand aber nachdem, daß dort keine Briefe fürs Ausland angenommen werden, vermutlich wegen mangelnder Vrintsung. Ich mußte ihn also wieder einstecken. Durch falsche Übersetzung meiner in Pskow aufgegebnen Depesche ins Russische wurde deren Zweck verfehlt, und ich befand mich heut früh um 5, nachdem ich Engel und den Kondukteur bei Sachen und Wagen gelassen hatte, einem Kutscher und dem Hausknecht des Gasthofs gegenüber, auf mein unterwegs erworbnes Russisch reduziert und meine Zauberformel pruski paslannik fand zunächst nur die Erwiderung, daß der nicht da wohne; erst auf meine Behauptung ja ssam, ich selbst bins, wachte der Russe vollständig auf, und lief verschiedne Leute mit barbarischen Benennungen zu holen, die aber auch keine der westlichen Sprachen redeten. Nun bin ich aber doch hier leidlich etabliert, obschon der »deutsche Kellner« krank ist, habe ich mich waschen, frühstücken und nach der Gesandtschaft fahren können, wo ich ankam comme un chien dans un jeu de quilles. Werthern hatte, ich weiß nicht warum, geglaubt daß ich noch mehrere Monate fort und der Geschäftsträger sein würde. Ich hätte garnichts dawider gehabt, erst im Mai umzuziehn, aber es ging doch nicht. W. hat schon einmal, 1852 in Wien, mit mir das ganz ähnliche Unglück gehabt. Das Quartier habe ich noch nicht gesehn; vom Hofe her sieht es ganz nett aus. Ich bin also von Mittwoch Abend bis heut, Dienstag früh, immerzu gefahren; im Sommer wärens 60 Stunden bis Königsberg gewesen, sagt man mir, so aber 108. Es ist mir vortrefflich bekommen; die Eisenbahn-Coupees sind viel besser wie unsre, und geheizt; ich habe 8 Stunden wie im Bett geschlafen, und bedarf jetzt keiner Ruhe weiter. Nimm wenn Du mir schreibst, darauf Rücksicht daß alle Briefe vom Auslande geöffnet werden, und daß diese Tatsache allgemein bekannt ist. Schimpfe also über nichts, denn was man mit der *Post* schreibt, davon wird angenommen daß man es der Regierung sagen *will*. Diese Zeilen nimmt ein Reisender mit; wie lange sie im Schnee stecken werden, weiß kein Mensch; sei nicht ängstlich und ungeduldig wenn Du lange ohne Nachricht bleibst. Hier ist heut Tauwetter, aber kaum. Mir füllen die Posthäuser und Werstpfähle noch den Kopf, und das Klingeln der Pferde, das Schreien der Postillons und des Verräters (Vorreiter) und des Kondukteurs ewiges pravée – i verräter, skarrée – i, skarréeee – i

Und der blendende Schnee und Wind und alle die Peitschenhiebe auf die armen Pferde, die so gern Galopp liefen, wo der Wagen nur irgend rollen wollte. Kareta potschtowaja stand darauf, und eine Karrete wars, ein Ding wie ein Haus und so hoch gepackt daß wir die höchsten Schlagbäume streiften. Mit diesem Ungetüm fuhren die Leute nicht bloß Galopp, sondern gestreckte Carriere, mit 6 und 8 Pferden, halbe Meilen weit; bei uns ist es verboten, bergab und über Brücken rasch zu fahren, in Rußland scheint der Galopp in beiden Fällen vorgeschrieben zu sein, auch wo es recht steil ist, und erst eben die Pferde hingefallen waren. Amüsant war es doch after all, wenn ichs nur nicht gleich nochmal machen soll. Im Sommer würde es Dir vielleicht gefallen? oder nicht? Etwa alle 10 Meilen hat der Kaiser ein Absteigequartier in einer Poststation; da ist dann alles sehr behaglich eingerichtet, und man würde Dir so wie mir, die Benutzung gestatten.

Leb sehr wohl, mein Engel, jetzt muß ich zu Gorczakow. Grüße die Kinder. Dein Dich sehr liebender

v B.

Petersburg, 19. April 1859

Mein liebes Herz

Deinen Brief vom 12. habe ich heut früh erhalten; der Regel nach hätte er gestern hier sein sollen, am Sonntag aber kommt und geht keine Post. Dieser geht morgen ab, da wirst Du ihn etwa den 26. haben, und vor dem 2. Mai ungefähr würde die Antwort nicht hier sein, wenn Du gleich schriebest. Es ist gräßlich weit; doch ist der letzte Feldjäger in einigen 60 Stunden von Gumbinnen hierher gefahren; ich hatte über 100 dazu gebraucht. Wie lieb ist es mir daß die Depesche Dir soviel Freude gemacht hat; ich schicke sie hier des Morgens etwa um 12 ab, und hoffte sie würde etwa zum Essen da sein. Wahrscheinlich hat sie vor allen den Kriegs- und Friedensdepeschen die wir hier vom Stapel lassen, nicht ankommen können. Recht dankbar bin ich allen lieben Freunden, die Dir Deinen letzten Frankfurter Geburtstag haben feiern helfen; grüße sie alle herzlich, Beckers voran und Gayette und sie die Dechsel, auch Alvensleben, der wie ich annehme mein alter und wohlbekannter Freund *Charles* aus Potsdam ist, schon nach dem schnoddrigen Maulwerk kanns kein andrer sein. Es tut mir Leid daß wir den

63

nicht früher dort gehabt haben, für Andreas Hofer oder Tann-
häuser. Der hätte zu Kessel gepaßt. Deine Erzählung von
Frühlingsfarben und Tönen hat mir rechtes Heimweh gegeben;
mir ist den ganzen Tag weh davon, und ich habe mir eben im
Sonnenuntergang das Newa-Eis noch genau angesehn, obs
nicht bald so gut sein will und gehn; schwärzlich-grau ist es
schon, das soll ein gutes Zeichen sein. Aber das Häusermeer,
das steinerne Eis, wird nicht schmelzen. Ich habe seit 3 Wochen
nur Stein und Eis gesehn, Tore hat die Stadt entweder nicht,
oder sie sind unerreichbar. Es ist das mit ein Grund meiner
Vorliebe für das Stenbock's Haus, das liegt dicht an der großen
Newabrücke die nach den Inseln führt. Es war mir ganz wehmütig, als ich von dort neulich etwas wie Wald oder Hügel, weit
übers Wasser her, am Horizont schimmern sah. Gottes Erde
habe ich nicht gesehn seit Kobbelbude, der letzten Station vor
Königsberg, da fing es an zu schneien, den 24. v. M. Ich fahre
Visiten Tag für Tag, und komme nicht damit zu Ende, in dieser
meilenweiten Stadt; dabei lerne ich aus dem verschlossenen
Coupé hinaussehend, niemals Bescheid; die Häuser haben
keine Nummern, und ich finde keinen meiner Bekannten ohne
Kutscher wieder. Da heißt es: »Haus Demidoff auf Newski Pro-
spekt«, Newski hat aber gewiß 200 Häuser, da finde Dir Demi-
doffs heraus! Meine Wegweiser sind die Kaufmannsschilder,
besonders die Шулцъ, Миллеръ und Шмидтъ, unter deren rus-
sischer Schreibkunst man die Rührung Schulze, Müller und
Schmidt entziffert. Heut entdeckte ich auch Ягрь (Jäger) und
Deiner Mutter Freund Ганожкь, Hanoschke, eigentlich Ga-
noschke, denn H gibt es nicht. Lauter ehrliche Berliner unter
dem krausen Bart der moskowitischen Schriftzüge. In dieser
Woche hört nun zu meiner Freude das Visitenmachen auf, on
fait ses dévotions, man ist fromm, und nimmt keinen Besuch an.

Gegen die Essenszeit ruhe ich gern eine halbe Stunde von der Langenweile aus bei der Fürstin Obolenski, die so niedlich ist, daß ich Deine Nachsicht anrufe um ihr ab und zu zu huldigen; sie reist morgen nach Moskau. Sonst habe ich viele liebenswürdige Frauen gefunden. Eine recht hübsche Fr. v. Korssakow ist schon fort, auch nach Moskau. Unsre Politik verstimmt mich; wir bleiben Treibholz, auf unsern eignen Gewässern planlos umhergeblasen von fremden Winden; und was für ruppige Winde, übelriechende! Wie selten sind doch Leute von eignem Willen in einer so achtbaren Nation wie die unsrige. Wir lieben die Leporello-Rolle, und Oestreich die des Don Juan.

Mir ist so als hätte ich Dir geraten, die ältern Bronze-Kronleuchter zu verkaufen; tu das lieber nicht, wenns nicht schon geschehn ist; meine Eindrücke in Betreff hiesiger Einrichtung wechseln täglich, je nachdem ich einen der goldnen Millioneser-Salons, oder eine regelmäßig anständige Einrichtung gesehn habe. Gestern bei dem spanischen Herzog von Ossuna sah ich Bronzen, neben denen unsre dürftigsten es aushalten; dieses Metall scheint hier sehr teuer zu sein. Dabei zeigte uns dieser Grande Photographien von allen möglichen prächtigen Schlössern und Gärten, die er in Spanien, Italien, Belgien und Sardinien besitzt, und selbst *nur* im Bilde kennt. Er hat Millionen Einkommen, den größten Namen in Spanien und lebt hier an der gefrornen Newa einsam und unverheiratet in einem weitläuftigen Hause für 12000 Rtlr. Miete, möbliert, ohne Sehnsucht nach dem Schatten seiner Kastanienwälder. Ich habe jetzt hier Engel, den russisch sprechenden Diener von Fr. von Werther, der mich beim Ausfahren begleitet, einen Kanzleidiener der unentbehrlich ist, einen Portier der die Kanzlei bewacht, der seit 20 Jahren bei der Gesandtschaft ist, und den man mir zu behalten allerseits rät, und endlich Werthers Jäger der todkrank im Bett liegt, auch einen Kutscher; wohne dabei im Gasthof, also Kellner als vorhanden anzunehmen; dennoch kommt es vor daß mir jemand fehlt um ein Glas Wasser zu holen, namentlich aber weiß ich nicht, wem ich ein Reitpferd anvertrauen soll, das ich Lust habe vom jungen Nesselrode zu kaufen, weil ich in den *geheizten* Kaiserlichen Bahnen umkomme, und vor Mangel an Bewegung schließlich dick und blaß werde wie Riepe[1]; dem Kutscher kann ichs nicht anvertrauen, er stiehlt ihm den овесъ (avioss, Hafer, Du siehst ich setze die russischen Studien fort).

20. Apr. Eben geht die Newa auf. Wie gewöhnlich zitierte mich Gortsch. heut früh, und da habe ich mirs nachher angesehn, Gottlob! Leb wohl, die Post drängt, ich habe einige Stunden chiffern und telegraphen müssen. Alles Liebe und Gute für Dich und Kinder. Dein treuster

vB.

Berlin, 13. Mai 1862

Mein liebes Herz

Heut wirst Du, wenn alles geht wie Deine Absicht war, bei den lieben Eltern eintreffen und ihnen meine herzlichen Grüße bringen. Das Wetter ist gut, vielleicht zu warm zur Reise. Ich habe Besuch vom Morgen bis zum Abend, und sämtliche Minister haben wie es scheint das Bedürfnis mich zu dem Ihrigen zu machen. Wie der König darüber denkt, und wie es mit London-Paris wird, darüber werde ich hoffentlich in einigen Stunden etwas klarer sehn; um 4 Uhr bin ich befohlen. Von den beiden Gesandtschaftsposten steht Paris hier wieder mehr im Vordergrund für uns, und ich gäbe trotz aller Umzugsverluste, noch

[1] Frankfurter Koch.

einige Tausend bar, wenn ich meinen Reisepaß nach dort oder London erst in der Tasche hätte. Sollte ich Minister werden so ist es eine günstige Fügung daß wir möglichst viele Sachen nach Schönhausen bestimmt haben; denn länger als einige Monat würde das mit mir schwerlich dauern. Wie Gott will, alles »ничево«[1]; wenn Ihr dort nur wohl auf seid, so soll mich alles Übrige so schwer nicht kränken. Ich habe zu tun und muß schließen. Küsse Eltern und Kinder für mich, und leb wohl. Dein

v B.

Berlin, 25. Mai 1862

Mein liebes Herz

Du schreibst recht selten, und hast ohne Zweifel mehr Zeit dazu als ich. Seit ich hier bin habe ich kaum Einmal gründlich ausgeschlafen. Gestern ging ich um 8 Uhr früh aus, kam 5 Mal zum Umkleiden eilig nach Hause, fuhr um 8 Uhr noch nach Potsdam zu Pr. Fr. Carl, und um 11 wieder her. Heut habe ich eben, um 4, die erste freie Minute, und benutze sie zur Sammlung dieser feurigen Kohle auf Dein schwarzes Haupt. Ich denke morgen, spätestens Dienstag, nach Paris aufzubrechen; ob auf lange, das weiß Gott; vielleicht nur auf Monate oder Wochen! Sie sind hier alle verschworen für mein Hierbleiben, und ich will recht dankbar sein, wenn ich im Garten an der Seine erst einen Ruhepunkt gewonnen, und einen Portier habe der für einige Tage niemand zu mir läßt. Ich weiß noch nicht, ob ich unsre Sachen überhaupt nach Paris schicken kann, denn es ist möglich daß ich schon wieder herberufen werde, ehe sie ankommen. Es ist mehr ein Fluchtversuch den ich mache, als ein

[1] russisch, ›nichts‹.

neuer Wohnsitz an den ich ziehe. Ich habe müssen sehr fest auftreten, um nur einstweilen hier aus dem Gasthofwarteleben los zu kommen. Ich bin zu allem bereit, was Gott schickt, und klage nur, daß ich von Euch getrennt bin, ohne den Termin des Wiedersehns berechnen zu können. Habe ich Aussicht bis zum Winter in Paris zu bleiben, so denke ich daß Du mir bald folgst, und wir richten uns ein, sei es auch auf kurze Zeit. Im Laufe des Juni wird es sich hier entscheiden müssen, ob ich wieder herkomme vor Ende der Sommer-Landtagssitzung, oder länger und lange genug um Euch überzusiedeln in Paris bleibe. Was ich kann tue ich damit letztres geschieht, und jedenfalls möchte ich, daß Du nach P. kommst, wenn es auch für kurze Zeit und ohne Einrichtung wäre, damit Du es gesehn hast. Gestern war großes Militär-Diner, wo ich als Major figurierte, vorher Parade. Die Fuchsstute ist meine tägliche Freude im Tiergarten, aber für Militär nicht ruhig genug. Jetzt esse ich Abschied bei Malle, mit verschiednen Freunden; endlich ein freier Mittag. Grüße und küsse Klein und groß, und schreibe mir. Dein treuster   v B.

Paris, 1. Juni 1862

Mein liebes Herz

Heut wurde ich vom Kaiser empfangen und gab meine Briefe ab; er empfing mich freundlich, sieht wohl aus, ist etwas stärker geworden, aber keineswegs dick und gealtert, wie man zu karikieren pflegt. Die Kaiserin ist noch immer eine der schönsten Frauen die ich kenne, trotz Petersburg; sie hat sich eher embelliert seit 5 Jahren. Das Ganze war amtlich und feierlich, Abholung in Hofwagen mit Zeremonienmeister etc. Nächstens werde ich wohl eine Privataudienz haben. Ich sehne mich nach

Geschäften, denn ich weiß nicht was ich anfangen soll. Heut habe ich allein diniert, die jungen Herrn waren aus; den ganzen Abend Regen und allein zu Hause. Zu wem sollte ich gehn? Mitten im großen Paris bin ich einsamer wie Du in Reinfeld, und sitze hier wie eine Ratte im wüsten Hause. Mein einziges Vergnügen war, den Koch wegzuschicken, wegen Rechnungs-Exzesse. Du kennst meine Nachsicht in diesem Punkte, aber Rembours war ein Kind dagegen. Ich esse einstweilen im Café. Wie lange das dauert weiß Gott. In 8 bis 10 Tagen erhalte ich wahrscheinlich eine telegraphische Zitation nach Berlin, und dann ist Spiel und Tanz vorbei. Wenn meine Gegner wüßten, welche Wohltat sie mir durch ihren Sieg erweisen würden, und wie aufrichtig ich ihn ihnen wünsche! Rechberg täte dann vielleicht aus Bosheit das Seinige um mich nach Berlin zu bringen. Du kannst nicht mehr Abneigung gegen die Wilhelmstr. haben als ich selbst, und wenn ich nicht überzeugt bin, daß es sein *muß*, so gehe ich nicht. Den König unter Krankheitsvorwänden im Stich zu lassen, halte ich für Feigheit und Untreue. Soll es nicht sein, so wird Gott die Suchenden schon noch einen princillon auftreiben lassen, der sich zum Topfdeckel hergibt; soll es sein, dann съ Богомъ[1] wie unsre Kutscher sagten, wenn sie die Leine nahmen. Im nächsten Sommer wohnen wir dann vermutlich in Schönhausen. Нечиго! Ich gehe nun in mein großes Himmelbett, so lang wie breit, als einziges lebendes Wesen im ganzen obern Stockwerk, ich glaube auch im parterre wohnt niemand. Gute Nacht, mein Engel, Gott sei mit Dir und allen Deinen lieben Hausgenossen. 2. Juni. Guten Morgen. Hoffentlich hast Du ebensogut geschlafen wie ich und besseres Wetter. Hier kalt und regnicht. Plötzlicher Schluß.

Dein   v B.

[1] russisch, ›mit Gott‹.

Mein liebes Herz

Du kannst mir das Zeugnis eines fleißigen Korrespondenten
nicht versagen; heut früh schrieb ich Deinem Geburtstagskinde
aus Chenonceaux und heut Abend Dir aus der Stadt des roten
Weines. Diese Zeilen werden aber einen Tag später eingehn als
jene, die Post geht erst morgen Nachmittag. Ich bin erst vorgestern Mittag aus Paris gefahren, es ist mir aber als wäre es eine
Woche. Sehr schöne Schlösser habe ich gesehn; Chambord, wo-
von die aus einem Buch gerissene Anlage eine unvollkommne
Idee gibt, entspricht in seiner Verödung dem Geschick seines
Besitzers (Du weißt hoffentlich daß es dem Herzog von Bor-
deaux gehört). In den weiten Hallen und prächtigen Sälen, wo
so viele Könige mit Maitressen und Jagden ihren Hof hielten,
bilden die Kinderspielsachen des Herzogs das einzige Mobiliar.
Die Führerin hielt mich für einen französischen Legitimisten,
und zerdrückte eine Träne als sie mir die kleine Kanone zeigte.
Ich bezahlte den Tropfen tarifmäßig mit 1 Fr. extra, obschon
ich keinen Beruf habe den Carlismus zu subventionieren. Die
Schloßhöfe lagen so still in der Sonne wie verlassene Kirchhöfe;
von den Türmen hat man eine weite Rundsicht, aber nach allen
Seiten schweigender Wald und Heidekraut bis an den äußersten
Horizont, keine Stadt, kein Dorf, kein Bauerhof, weder am
Schloß noch im Umkreis. Aus beiliegenden Proben von Hei-
dekraut wirst Du nicht mehr erkennen, wie purpurn diese von
mir geliebte Pflanze dort blüht, die einzige Blume in den König-
lichen Gärten, und Schwalben das einzige lebende Wesen im
Schloß. Für Sperlinge ist es zu einsam. Prächtig liegt das alte
Schloß von Amboise; man sieht von oben die Loire 6 Meilen
weit auf und ab. Von dort hierher geht man allmählich in den
Süden über. Das Getreide verschwindet und macht dem Mais

Platz, dazwischen rankiger Wein und Kastanienwälder, Schlösser und Schlößchen mit vielen Türmen, Schornsteinen und Erkern, alle weiß mit hohen spitzen Schieferdächern. Es war glühend heiß, und ich sehr froh ein halbes coupé allein zu haben. Am Abend herrliches Wetterleuchten im ganzen Osten, und jetzt eine angenehme Kühle, die ich bei uns noch schwül finden würde. Die Sonne ging schon um 7 Uhr 35 unter, in Petersburg wird man jetzt, um 11, noch ohne Licht sehn können. Bisher ist kein Brief für mich hier, vielleicht finde ich einen in Bayonne, 2 Tage werde ich hier wohl bleiben, um zu sehn, wo unsre Weine wachsen. Nun gute Nacht mein Engel, grüße Alle von Herzen. Dein treuster

v B.

Biarritz, 4. August 1862

Mein Liebchen

Ich fürchte, daß ich in unsrer Korrespondenz etwas Verwirrung angerichtet habe, weil ich Dich verleitet zu früh nach Orten zu schreiben wo ich noch nicht bin. Es wird besser sein, daß Du Deine Briefe nach Paris adressierst, ganz als ob ich dort wäre; die Gesandtschaft schickt sie mir dann nach, und dorthin kann ich schneller Nachricht geben, wenn ich meinen Reiseplan ändre. Gestern Abend bin ich aus St. Sebastian wieder nach Bayonne gelangt, wo ich die Nacht schlief, und sitze hier in einem Eckzimmer des Hôtel de l'Europe, mit reizender Aussicht auf die blaue See die ihren weißen Schaum zwischen wunderlichen Klippen hindurch gegen den Leuchtturm treibt. Ich habe ein schlechtes Gewissen, daß ich so vieles Schöne ohne Dich sehe. Wenn man Dich durch die Luft herführen könnte, so wollte ich gleich noch einmal mit Dir nach St. Sebastian. Denke Dir das

Siebengebirge mit dem Drachenfels ans Meer gestellt; daneben den Ehrenbreitenstein, und zwischen beiden dringt ein Meeresarm etwas breiter als der Rhein ins Land, und bildet hinter den Bergen eine runde Bucht. In dieser badet man in durchsichtig klarem Wasser, so schwer und so salzig daß man selber oben auf schwimmt, und durch das breite Felsentor ins Meer sieht, oder landeinwärts wo die Bergketten immer höher und immer blauer sich überragen. Die Frauen der mittlern und untern Stände sind auffallend hübsch, mitunter schön; die Männer mürrisch und unhöflich, und die Bequemlichkeiten des Lebens, an die wir in zivilisierten Ländern gewöhnt sind, fehlen. Ich mag in dieser Hinsicht lieber in Rußland reisen als in Spanien. Was mich geradezu aus dem Lande trieb, ist die Schweinerei auf gewissen unentbehrlichen Einrichtungen, und dann die Prellerei in den Gasthöfen und die Chausseegelder. Die Hitze ist hier nicht schlimmer als dort, und ich mache mir nichts daraus, befinde mich im Gegenteil sehr wohl, Gott sei Dank. Vorgestern war ein Sturm, wie ich nie etwas Ähnliches gesehn habe. Bei einer Treppe von 4 Stufen auf dem Hafendamme mußte ich 3 Mal Anlauf nehmen, ehe es mir gelang hinaufzukommen; Steinstücke und halbe Bäume flogen in der Luft. Ich bestellte dabei leider meinen Platz auf einem Segelschiff nach Bayonne wieder ab, weil ich nicht denken konnte, daß nach 4 Stunden alles still und heiter sein würde. So kam ich um eine reizende Seefahrt längs der Küste, blieb einen Tag mehr in St. Sebastian und fuhr gestern in der Diligence ziemlich unbehaglich eingepackt zwischen niedlichen Spanierinnen, mit denen ich kein Wort sprechen konnte. So viel Italiänisch verstanden sie aber doch, daß ich ihnen meine Zufriedenheit mit ihrer Außenseite klar machen konnte. Gr. Galen und Frau waren sehr freundlich für mich. Da ich einen Fächer suchte, um Dir etwas Spanisches mitzubringen, so schenkte sie mir ihren für Dich; er ist einfach, aber sehr national bemalt. Die Frau würde Dir wohl gefallen; er ist auch eine gute Haut, aber sie hat geistig mehr Hinterteil. Von Bernhard habe ich heut den lange erwarteten Brief erhalten. Er sieht politisch sehr schwarz, erwartet wieder ein Kind und baut Scheunen und Ställe. Ich sehne mich sehr nach Nachricht von Dir und den Kindern, und werde doch in den nächsten Tagen keine haben, da Du hierher nicht mehr schreiben wirst! Die alte Lieven ist hier; ich werde sie jetzt besuchen, dann baden und essen. Wer ist das anliegende Paar? sie sehn mir so bekannt aus, besonders die Dame, aber ich weiß sie, in Petersburg, nicht unterzubringen. Limberg behauptet eben es wären Locok's; die Frau ist aber hübscher wie das Bild. Mit Limberg bin ich übrigens recht zufrieden, und er hat große Fortschritte im Französischen gemacht. Ich sah mir heut einen Reiseplan an, wie ich von hier, d. h. von Toulouse per Eisenbahn über Marseille nach Nizza gelange, dann zu Schiff nach Genua, von dort über Venedig, Triest, Wien, Breslau, Posen, Stargard nach Cöslin! wenn nur Berlin erst passierbar ist! Jetzt kann ich nicht gut daran vorbeifahren. Ich grüße alles in herzlicher Liebe. Dein treuster

v B.

Falaise de Goëlands, 19. August 1862

Mein liebes Herz

Das Datum oben wirst Du vergebens auf allen Karten suchen. $^1/_4$ Meile nördlich von Biarrits ist eine enge Schlucht im Felsenufer, rasig, buschig und schattig, unsichtbar für alle Menschen, durch zwei Felsen mit Heidekraut in Blüte sehe ich das Meer grün und weiß in Schaum und Sonne; neben mir die reizendste aller Frauen, die Du sehr lieben wirst, wenn Du sie näher kennst, ein Stückchen Marie Thadden, etwas Nadi, aber originell für sich, lustig, klug und liebenswürdig, hübsch und jung. Orlow liegt vor uns auf dem Rasen und raucht, sie schreibt an ihre Mutter und ich an Dich, mein Herz; du kennst sie von Petersburg flüchtig, geb. Trubetzkoi. Die Eltern leben in Fontainebleau, und wenn ihr zusammenkommt, wirst Du mir vergeben, daß ich etwas für sie schwärme. Ich schreibe auf einem Buch, nicht recht leicht zu machen, im Grase sitzend unter Tamarindenbüschen. Bin lächerlich gesund, und so glücklich als ich fern von Euch Lieben sein kann. Einförmiges Landleben mit Wanderungen durch Felsen, Busch und Heide. In einigen Tagen werde ich dieser Robinsonade ein Ende machen, und meinen Trost für die Wehmut des Abschieds von diesem idealisierten Stolpmünde, der gewaltigen Woge und den liebenswürdigen Russen in der Richtung nach der Heimat finden. Deine Briefe habe ich allmählich aus Bagn. de Luchon (haute Garonne) Bagn. de Bigorre (hautes Pyrénées) erhalten, die aus Barèges fehlen noch; Dank daß Du so fleißig geschrieben hast, schicke nur immer über Paris, von dort erhalte ich es in 20 Stunden, und sie wissen wo ich bin. Für Klüber wird sich nichts machen lassen; hätte er sich vor 6 W. gemeldet, so ging es vielleicht. Einen und dann einen zweiten habe ich auf Befehl des Königs beim Kaiser mühsam durchgebracht, Stein und Burg. Den dritten, Walter Loe, schlug er trotz der Verwendung unsrer Regierung bestimmt ab, und sagte mir er könne durchaus keine fremden Offiziere mehr nach Mexiko lassen, sie seien zu unbequem für den Stab, (unsre beiden sind die Einzigen) und er habe es Hunderten von französischen abgeschlagen, das gebe böses Blut in der Armee u. s. w. Ich kann ihm auch nicht raten auf eigne Hand in Urlaub nach Mexiko zu gehn, der französische

74

General wird ihn ohne Anfrage beim Kaiser dort nicht aufneh-
men. Von hier fehlt mir dazu alle Einwirkung. Heut hatte ich
Wellen, um 7 früh, jetzt ist es halb 1, so lange sind wir in den
Klippen geklettert, haben gefrühstückt, geraucht, in die See ge-
starrt und uns geängstigt daß die vortrefflichen Galens die seit
2 Tagen hier sind, oder die gute alte Lieven der es jetzt besser
geht, uns in unsrer Schlucht entdecken. Um 5 essen wir mit
Galens und Lievens bei Orlow's. Es ist eine rechte Wohltat für
mich, daß letztre kamen, vor etwa 10 Tagen, sonst wäre ich damals abgereist, und hätte nicht in der See die Gesundheit alter
Tage wiedergefunden, und die Heiterkeit. Außer der Heimat,
ich will sagen außer 6 Personen in Reinfeld, fehlt mir geistig
und körperlich nicht ein Mückenstich, und ich kaufe am Ende
noch hier einen Ruhesitz in der Heide, wo wir in alten Tagen
leben! Pfirsich und Muskat-Trauben essend, wie Kartoffeln. Leb
wohl mein Herz, der Wind reißt mir das Papier fort, aber er ist
warm und weich. 1000 Grüße an Eltern und Kinder. Dein treuster

vB.

Karlsbad, 1. Juli 1864

Mein geliebtes Herz
Ich benutze einen freien Moment zum Schreiben, obschon der
Brief erst morgen abgehn wird. Ich habe einen langen Nachmit-
tags-Gang gemacht, über den Jägersaal nach dem Aberg, auf
der andern Seite des Berges durch Tepltal zurück, 3 Stunden im
Regen und Jagdrock, ein- und langsam, stieß schließlich doch
auf eingeregnete Russen, Gräfin Tolstoy, bis dahin aber keine
Menschenseele, nur Tannen, Buchen und Drosseln, mit leisem
Regenfall. Inzwischen war ich umgezogen, aus meinem Par-

terre, wo es mir bei anhaltend schlechtem Wetter zu kalt, in eine behagliche Beletage, Tisch in der Ecke zwischen zwei Fenstern, links sehe ich die alte Wiese entlang, rechts auf die enge Marktgasse, hinten hinaus auf die Tepl. Es heißt die 3 Lerchen, und über mir musiziert Jenny Röder als 4te. Röder wird wohl Gesandter in Kassel werden, Reuß in Brüssel, Schulenburg Dresden, Canitz Stuttgart, Wentzel Darmstadt, Pirch Weimar, Heydebrand Athen; Roon und Eulenburg sind heut Nachmittag wieder nach Berlin; die Neigung den Landtag zu berufen, zurückgedrängt. Das sollte mir fehlen, mitten im Sommer! Ich war etwas in Versuchung sie zu begleiten, die Minister nämlich, und Dir zu telegraphieren, daß Du mich morgen noch erwarten möchtest. Aber der König machte bei dem halb scherzhaft angeregten Gedanken ein so unglückliches Gesicht, daß ich mich nicht entschließen konnte. Die Reisegelegenheit ist so schlecht, daß man in Einem Tage niemals hin oder her kommt; ich hätte es also unter 5 Tagen Abwesenheit von hier nicht tun können, wenn ich mindestens volle 24 Stunden in Berlin bleiben wollte, und da käme ich auch noch zu keinem Behagen, so müßte ich schon wieder fort. Es tut mir herzlich leid, für Dich und für Kathsch; aber in 5 Tagen kann allerdings manches geschehn wozu S. M. mich nötig hat. Ich habe Orlow's telegraphiert, ich könnte höchstens auf 2 Tage von hier abkommen, und gefragt ob wir uns in Schwarzenberg oder Altenburg treffen wollten, erstres kann ich bequem, letztres mit einiger Anstrengung in der Zeit abmachen. Können sie nicht, so tut mirs leid, aber so lange ich Knecht der öffentlichen Wohlfahrt bin, muß ich tun was ich muß. Was hast Du den Kindern so viel an den Zähnen feilen lassen? plombieren mag sein, aber feilen ist mir ängstlich und ich fühle es bis hier in die Nerven! Eulenburg, der noch erschüttert von einem finanziellen Diner hier eintraf, brachte mir gute

Nachrichten von Dir und den Kindern, und Deinen letzten Brief erhielt ich gestern früh mit ähnlichen; Gott sei Dank dafür und behüte Euch ferner; diese Zeilen werden Dich, wenn Dein Reiseplan so bleibt, in Kröchlendorf treffen; herzliche Grüße also an Arnims, ich habe an Malle vor einigen Tagen geschrieben. Dem König geht es sehr gut, der Alsener Schluck aus dem Siegesbecher bekommt ihm noch besser als der Sprudel. Wir sind mit Oestreich, Frankreich und Rußland ein Herz und eine Seele und werden mit Glückwünschen getränkt, bei denen das Lächeln mitunter etwas »gelblich« ist, wie der Franzose sagt. Möge Gottes Beistand uns weiter hin auch nicht fehlen. Prz. Friedr. Carl wieder unausstehlich mit unvollkommnen Nachrichten, die uns über Wien und Kopenhagen vollständiger zugehn als von ihm. Auf des Königs telegr. Verlangen nach Details antwortet er mit einigen Ordensvorschlägen für Favoriten von ihm, und wir wissen noch heut nicht, wo und wie man hinübergekommen, wieviel Leute wir verloren haben und wen, wieviel Geschütze und Gefangne und ob und wie die Dänen sich eingeschifft haben.

Jetzt gehe ich mit Abeken Keudell Röder und Flügeladjudantur nach Stadt Hanover, kalbernes Schnihtzel und Pilsener Bier genießen, wünsche Dir also herzliche gute Nacht, die letzte einstweilen in Berlin.

2. Juli. Deinen Brief erhalten; arme Miez hat meine herzliche Teilnahme wegen der Zahnquälerei die sie so tapfer ausgehalten. Kahtsch kommt nicht, und ich bleibe ruhig hier. Dein treuster

v B.

Weißt Du noch mein Herz, wie wir vor 19 Jahren auf der Bahn von Prag nach Wien, hier durch fuhrn? Kein Spiegel zeigte die Zukunft, auch nicht als ich 1852 mit dem guten Lynar diese Eisenbahn passierte. Wie wunderbar romantisch sind Gottes Wege. Uns geht es gut, trotz Napoleon; wenn wir nicht übertrieben in unsern Ansprüchen sind und nicht glauben die *Welt* erobert zu haben, so werden wir auch einen Frieden erlangen der der Mühe wert ist. Aber wir sind ebenso schnell berauscht wie verzagt, und ich habe die undankbare Aufgabe Wasser in den brausenden Wein zu gießen und geltend zu machen daß wir nicht allein in Europa leben, sondern mit noch 3 Mächten die uns hassen und neiden. Die Oestreicher stehn in Mähren und wir sind so kühn daß für morgen unser Hauptquartier da angesagt wird wo sie heut noch stehn. Gefangne passieren noch immer ein, und Kanonen seit dem 3. bis heut 180. Holen sie ihre Südarmee heran, so werden wir sie mit Gottes gnädigem Beistande auch schlagen, das Vertrauen ist allgemein. Unsre Leute sind zum Küssen, jeder, so todesmutig, ruhig, folgsam, gesittet, mit leerem Magen, nassen Kleidern, nassem Lager, wenig Schlaf, abfallenden Stiefelsohlen, freundlich gegen alle, kein Plündern und Sengen, bezahlen was sie können und essen verschimmeltes Brot. Es muß doch ein tiefer Fond von Gottesfurcht im gemeinen Manne bei uns sitzen, sonst könnte das alles nicht sein. Nachrichten über Bekannte sind schwer zu haben; man liegt meilenweit aus einander, keiner weiß wo der Andre, und niemand zu schicken, Menschen wohl, aber keine Pferde. Seit 4 Tagen lasse ich nach Philipp[1] suchen, der durch einen Lanzenstich am Kopfe *leicht* verwundet ist, wie Gerhard [von Thadden] mir schrieb, aber ich kann nicht entdecken wo er

[1] von Bismarck, der älteste Neffe.

liegt, und jetzt sind wir schon 8 Meilen weiter. Der König exponierte sich am 3. allerdings sehr, und es war gut daß ich mit war, denn alle Mahnungen Andrer fruchteten nicht, und niemand hätte gewagt, ihn so hart anzureden wie ich es mir beim letzten Male, welches half, erlaubte, nachdem ein Knäuel von 10 Kürassieren und 15 Pferden vom 6. Kür.Reg. sich neben uns blutend wälzte, und die Granaten den Herrn in unangenehmster Nähe umschwirrten. Die schlimmste sprang zum Glück nicht. Er kann mir noch nicht verzeihen daß ich ihm das Vergnügen getroffen zu werden verkümmerte; »an der Stelle wo ich auf allerhöchsten Befehl wegreiten mußte« sagte er gestern noch mit gereiztem Fingerzeig auf mich. Es ist mir aber doch lieber so, als wenn er die Vorsicht übertriebe. Er war enthusiasmiert über seine Truppen, und mit Recht, so exaltiert daß er das Sausen und Einschlagen neben sich garnicht zu merken schien, ruhig und behaglich wie am Kreuzberg, und fand immer wieder Bataillone denen er danken und »guten Abend Grenadiere«, sagen mußte, bis wir dann richtig wieder ins Feuer hineingetändelt waren. Er hat aber so viel darüber hören müssen, daß er es künftig lassen wird, und Du kannst ganz beruhigt sein; ich glaube auch kaum noch an eine wirkliche Schlacht.

Wenn Ihr von jemand *keine* Nachricht habt, so könnt Ihr unbedingt annehmen daß er lebt und gesund ist, denn alle Verwundungen von Bekannten erfährt man in längstens 24 Stunden. Mit Herwarth und Steinmetz sind wir, auch der König, noch garnicht in Berührung gekommen, ich habe also auch Schreck nicht gesehn, weiß aber daß beide gesund sind. Gerhard führt ruhig seine Schwadron mit dem Arm in der Binde. Leb wohl, ich muß in Dienst.

Dein treuster

v B.

Mein liebes Herz

Vorgestern vor Tagesgrauen verließ ich mein hiesiges Quartier, kehre heut zurück, und habe in der Zwischenzeit die große Schlacht von Sédan am 1. erlebt, in der wir gegen 30000 Gefangne machten, und den Rest der französischen Armee der wir seit Bar le Duc nachjagten, in die Festung warfen, wo sie sich mit dem Kaiser kriegsgefangen ergeben mußte. Gestern früh 5 Uhr, nachdem ich bis 1 Uhr früh mit Moltcke und den franzö́s. Generälen über die abzuschließende Kapitulation verhandelt hatte, weckte mich der General Reille den ich kenne, um mir zu sagen daß Napoléon mich zu sprechen wünschte. Ich ritt ungewaschen und ungefrühstückt gegen Sédan, fand den Kaiser im offnen Wagen mit 3 Adjudanten und 3 zu Pferde daneben auf der Landstraße vor Sédan haltend. Ich saß ab, grüßte ihn ebenso höflich wie in den Tuilerien und fragte nach seinen Befehlen. Er wünschte den König zu sehn; ich sagte ihm der Wahrheit gemäß daß S. M. 3 Meilen davon an dem Orte wo ich jetzt schreibe, sein Quartier habe. Auf N.'s Frage, wohin er sich begeben solle, bot ich ihm, da ich Gegend unkundig, mein Quartier in Donchery an, einem kleinen Ort an der Mäß dicht bei Sédan; er nahm es an, und fuhr von seinen 6 Franzosen, von mir, und von Carl, der mir inzwischen nachgeritten war, geleitet, durch den einsamen Morgen nach unsrer Seite zu. Vor dem Ort wurde es ihm leid, wegen der möglichen Menschenmenge, und er fragte mich ob er in einem einsamen Arbeiterhause am Wege absteigen könne; ich ließ es besehn durch Carl, der meldete es sei ärmlich und unrein; n'importe meinte N., und ich stieg mit ihm eine gebrechliche enge Stiege hinauf. In einer Kammer von 10 Fuß Gevierte, mit einem fichtnen Tische und 2 Binsenstühlen, saßen wir eine Stunde, die Andern waren unten. Ein gewaltiger Kontrast mit unserm letzten Beisammensein, 67 in den Tuilerien. Unsre Unterhaltung war schwierig, wenn ich nicht Dinge berühren wollte, die den von Gottes gewaltiger Hand Niedergeworfnen schmerzlich berühren mußten. Ich hatte durch Carl Offiziere aus der Stadt holen und Moltcke bitten lassen zu kommen. Wir schickten dann einen der erstern auf Recognoscirung und entdeckten $\frac{1}{2}$ Meile davon in Frêsnois ein kleines Schloß mit Park. Dorthin geleitete ich ihn mit einer inzwischen herangeholten Eskorte vom Leib-Kür. Regt., und dort schlossen wir mit dem französ. Obergeneral Wimpfen die Kapitulation, vermöge deren 40- bis 60 000 Franzosen, genauer weiß ich es noch nicht, mit allem was sie haben unsre Gefangnen wurden. Der vor- und gestrige Tag kosten Frankreich 100 000 Mann und einen Kaiser. Heut früh ging letztrer mit allen seinen Hofleuten, Pferden und Wagen nach Wilhelmshöh bei Kassel ab.

Es ist ein weltgeschichtliches Ereignis, ein Sieg für den wir Gott dem Herrn in Demut danken wollen, und der den Krieg entscheidet, wenn wir auch letztern gegen das kaiserlose Frankreich noch fortführen müssen.

Ich muß schließen. Mit herzlicher Freude ersah ich heut aus Deinen und Marie's Briefen Herberts Eintreffen bei Euch. Bill sprach ich gestern, wie schon telegraphiert, und umarmte ihn angesichts Sr. M. vom Pferde herunter, während er stramm im Gliede stand. Er ist sehr gesund und vergnügt. Hans und Fritz Carl sah ich, beide Bülow bei 2. G. Dr. wohl und munter.

Leb wohl mein Herz, grüße die Kinder

Dein v B.

Wohl dem wem Gott ein tugendsam Weib beschert, die ihm alle Tage schreibt. Ich bin sehr erfreut daß es Euch wohl geht, und daß Ihr nun 3 geworden seid, denen ich mich am 7. oder 8. als vierter beizugesellen hoffe. Die Abreise von hier ist auf den 6. früh angesetzt. Der 7. wird vermutlich von beiden Majestäten noch in Salzburg verbracht, und unsre geht dann wohl über Hohenschwangau (Königin Mutter von Bayern) nach dem Bodensee, Mainau und Baden, während ich Dir meinen Besuch in Reichenhall zu machen hoffe. Recht lange werde ich dort nicht Ruhe haben, denn ich muß endlich einmal den Sachsenwald näher ansehn und dort einige Geschäfte abmachen deren Verschiebung nachteilig werden kann. Wir wollen uns dann überlegen wie es mit Deiner Kur und meinen Geschäften zu vereinen ist, daß wir etwa bis Berlin zusammen die Rückreise machen, ich dann zu Herrn Specht[1] vorausgehe und Quartier für Euch einrichte. Einstweilen sei so gut und schreibe nach Varzin, daß Leute und Pferde zum 10. in Berlin eintreffen, und uns dort erwarten sollen. Ich werde dann schreiben, wann sie von dort nach Friedrichsruh abgehn. Du siehst ich habe so viel Gemütsruhe hier, um mich dem ungewohnten Gewerbe des Plänemachens hinzugeben; das Alles aber in der Voraussetzung, daß die aufgeregten Gallier meinen kleinen Freund Thiers nicht zu Tode ärgern, sonst muß ich bei Sr. M. bleiben und abwarten wohin der Hase läuft. Ich halte das nicht für wahrscheinlich, aber mit einer so dummen Nation wie die, ist alles möglich. Herzliche Grüße an beide dicke Kinder. Dein treuster

v B.

---

[1] Wirt in Friedrichsruh.

Mein geliebtes Herz

Ich muß mein Gewissen darüber erleichtern, daß ich Dich in Berlin allein lasse, und nicht schon bei Dir bin; ich habe aber hier wegen der Pachtung in Schwarzenbeck noch Geschäfte die ich nicht über Sommer liegen lassen kann, weil der alte Pächter dort sich nicht halten kann und auf schlechte Gedanken kommt, wenn ich mich nicht mit Vertrag von ihm löse. Am zweiten, spätestens dritten Feiertage bin ich aber bei Dir, so lange halte Dich an Marie und Deine Enkel. Von Berlin möchte ich dann noch auf 1 oder 2 Tage nach Schönhausen, hoffentlich mit Dir. Wenn ich mich dazu ermannen kann, so müßte ich auch für gleiche Zeit nach Varzin bevor ich das Bäder-Elend beginne. Die Hammermühle bedarf zu ihrem Auferstehn meiner Gegenwart einigermaßen. Juli würde dann für das langweilige Kissingen, August für das unerreichbare Gastein bleiben, wenn es Gottes Wille ist. Es schmerzt mich besonders wegen des reizenden Wetters, daß Du die Schönheit des Waldes und Feldes nicht in diesen Tagen hier noch hast genießen können. Man kann Stunden lang im Wagen und auf Bänken lungern und ins Grüne stieren ohne Gedanken und ohne lange Weile. Gestern war ich mit Rantzau bei Mercks, sehr hübsch eingerichtet und die Schwamm-Schäden geschmackvoll verdeckt. Vorgestern war ich reitend bei Borgnis, fand sie aber nach Hamburg ausgeflogen. Gestern hatten wir den Ober-Präsidenten und den liebenswürdigen Chrysander zu Tisch; letztrer, abgesehn von Rosen, Trauben und Pfirsichen, auch an sich stets meine Freude wegen der tiefen und umfassenden Bildung von Geist und Herz unter der schlichten Bescheidenheit; ganz wie seine Gärtnerei.

Dein

    treuster   v B.

Verzeih daß ich das Schreiben, wie ich sehe, hier verlernt habe; es ist der erste Versuch mit Tinte seit ich hier bin, und eine schwere Kunst.

Frruh, 16. Juli 1888

Mein geliebtes Herz

Ich begrüße Deine glückliche Ankunft in Homburg eigenhändig mit einigen Zeilen, damit Du sichern Beweis meines Wohlbefindens in Händen habest. In der vorigen Nacht mußte ich, so oft ich mich umdrehte, immer daran denken, wie wir über die Welt versprengt worden sind; Du, auf der Eisenbahn in Thüringen durch die Nacht rollend, Herbert auf See zwischen Arcona und Bornholm, Marie in Berlin, Bill in Hanau, wir hier im Walde. Warum können wir nicht bei einander sein? Das Reisen ist Vielen das größte Vergnügen, uns ein Kummer. Wir haben bisher täglich allein zu zwei gegessen, nicht einmal Lange dazu; ich mag fremde Menschen nicht sehn, so sehr ich die Meinigen vermisse, wenn sie nicht bei mir sind. Seit heut früh ist warmes Wetter, auch Sonne, bis dahin 8 bis 10° und Regen, heut früh als Kuno jagte (ohne Erfolg) hat er 3 Grad gesehn; als ich um 9 aufstand, waren 16. Der Wald ist so schön wie er sein kann, die Felder dürftig, Kartoffeln und Hafer ausgenommen; das Heu verregnet, soweit es nicht noch dickblumig und der Sense wartend die Wiese ziert. An Sommergästen fehlt es trotz Kälte nicht, in allen kleinen Häusern. Sie machen den Wald unsicher. Ich bin den ganzen Tag im Freien, gehend, reitend, fahrend, und habe wenigstens 6 Stunden freie Luft täglich gegen eine in Berlin. Ich werde hier auch zu Pferde und zu Fuß nicht so schnell müde. Arbeiten tue ich grundsätzlich nichts, bin ich zu Hause, so lese ich Romane, liegend am Kamin. Wenn das nicht hilft –

Gott sei mit Dir und stärke Dich, daß Du robust und lustig wiederkehrst. Grüße Täntchen herzlich. Dein

vB.

Anhang

Zeittafel

(Mit den für das Verständnis der Briefe wichtigsten Daten)

1815   1. April: Otto von Bismarck in Schönhausen bei Stendal geboren

1832-1835   Jurastudium in Göttingen und Berlin

1835   Auskultator am Berliner Stadtgericht

1836-1839   Regierungsreferendar in Aachen und Potsdam

1839-1845   Abschied vom Staatsdienst, Gutsherr auf Kniephof in Pommern

1841   Kreisdeputierter bei der Selbstverwaltung des ländlichen Wahlkreises

1843   Kontakte zum Kreis pommerscher Pietisten um Hans von Kleist-Retzow, Moritz von Blanckenburg und dessen Frau Marie von Thadden-Trieglaff

1846   Übersiedlung nach Schönhausen

Juli: Bismarck lernt auf einer Harzreise Johanna von Puttkamer kennen

Oktober: Ernennung zum Deichhauptmann

1847   12. Januar: Verlobung mit Johanna von Puttkamer in Reinfeld/Pommern

8. Mai: Eintritt in den Preußischen Landtag

28. Juli: Hochzeit in Alt-Kolziglow

1848   18./19. März: Volksaufstand in Berlin

21. August: Geburt der Tochter Marie

November: Konterrevolutionärer Staatsstreich in Berlin

1849   5. Februar: Wahl in die Zweite Kammer des Preußischen Landtages

September: Umzug nach Berlin

28. Dezember: Geburt des Sohnes Herbert

1850   März/April: Mitglied des Erfurter Unionsparlamentes

1851   8. Mai: Berufung in die preußische Gesandtschaft beim Bundestag in Frankfurt/Main

18. August: Ernennung zum Bundestagsgesandten

1852 1. August: Geburt des Sohnes Wilhelm

1854 21. November: Berufung ins Preußische Herrenhaus

1855 August: Aufenthalt in Paris und Begegnung mit Napoleon III.

1857/58 Bismarck distanziert sich zunehmend von doktrinärer Politik der Altkonservativen und fordert Respektierung der Realitäten

1858 7. Oktober: An Stelle des erkrankten Königs übernimmt Prinz Wilhelm die Regentschaft und eröffnet die »Neue Ära«

1859 29. Januar: Abberufung aus Frankfurt/Main und Ernennung zum Gesandten in St. Petersburg;
im Sommer: schwere Erkrankung

1861/62 Höhepunkt des Heeres- und Verfassungskonflikts in Preußen

1861 2. Januar: Wilhelm I. wird König von Preußen

1862 März: Abberufung Bismarcks aus St. Petersburg
22. Mai: Ernennung zum Gesandten in Paris
22. September: Entscheidende Unterredung Wilhelm I. mit Bismarck
8. Oktober: Definitive Ernennung Bismarcks zum Ministerpräsidenten und Außenminister

1863 8. Februar: Militärkonvention mit Rußland gegen den Polnischen Aufstand
Mai: Gründung der Allgemeinen Deutschen Arbeitervereine und Kontaktaufnahme Ferdinand Lassalles mit Bismarck

1864 Februar bis Juli: Preußisch-Österreichischer Krieg gegen Dänemark
30. Oktober: Frieden von Wien mit Annektion dreier dänischer Herzogtümer

1865 16. September: Erhebung Bismarcks in den Grafenstand

1866 9. April: Antrag Preußens auf Reform des Deutschen Bundes
7. Mai: Attentat Cohen-Blinds auf Bismarck
14. Juni: Mobilmachung der Bundesarmee gegen Preußen und Austritt Preußens aus dem Deutschen Bund
Juni bis Juli: Militärische Auseinandersetzungen um die Vorherr-

schaft in Deutschland; Krieg zwischen Preußen und Österreich-Ungarn sowie Sachsen

3. Juli: Entscheidender Sieg Preußens bei Königgrätz

23. August: Friede von Prag zwischen Preußen und Österreich – Auflösung des Deutschen Bundes und uneingeschränkte Vorherrschaft Preußens im Norddeutschen Bund

1867 April: Bismarck erwirbt die Gutsherrschaft Varzin

14. Juli: Ernennung zum Bundeskanzler des Norddeutschen Bundes

1869 22. Februar: Rücktrittsangebot Bismarcks wegen fraktioneller Spannungen im Lager der preußischen Konservativen

August: Gründungskongreß der Sozialdemokratischen Arbeiterpartei Deutschlands in Eisenach

1870 Juli: Emser Depesche und Kriegserklärung Frankreichs an Preußen

Anfang September: Entscheidungsschlacht von Sedan, Gefangennahme Napoleons III., Kapitulation der kaiserlichen französischen Armee. Ausrufung der Französischen Republik in Paris

November: Beitritt Süddeutschlands zum Norddeutschen Bund

1871 Januar: Preußisch-deutsche Reichsgründung

1. Januar: Inkrafttreten der von Bismarck geschaffenen Reichsverfassung

18. Januar: Kaiserproklamation in Versailles

18. März bis 28. Mai: Pariser Kommune

21. März: Erhebung Bismarcks in den Fürstenstand und Ernennung zum Reichskanzler

10. Mai: Frankfurter Friedensvertrag – Annexion Elsaß-Lothringens

24. Juni: Bismarck erhält Friedrichsruh und den Sachsenwald zum Geschenk

1872 März: Beginn des ›Kulturkampfes‹

1873 Oktober: Dreikaiserabkommen zwischen Deutschland, Rußland und Österreich-Ungarn

1877 Vorbereitung eines innerpolitischen Kurswechsels, Abkehr vom wirtschaftlichen und politischen Liberalismus

1878 13. Juni bis 13. Juli: Unter Bismarcks Vorsitz schlichtet der Berliner Kongreß Interessengegensätze der europäischen Mächte in der Orientkrise

19. Oktober: Gesetz »Gegen die gemeingefährlichen Bestrebungen der Sozialdemokratie« vom Reichstag angenommen

1879 Juli: Gesetze über Schutzzollbrief und Finanzzölle

1882-1886 Wachsender Widerstand der Sozialdemokratie, einer antibonapartistischen Volksbewegung und der linksliberalen Parlamentsopposition gegen Bismarcks Regime

1888 9. März: Tod Wilhelms I.

15. Juni: Thronbesteigung Wilhelms II.

1890 25. Januar: Reichstag lehnt Verlängerung des Sozialistengesetzes ab

20. März: Bismarck wird auf Gesuch entlassen

1894 27. November: Tod Johannas von Bismarck

1898 30. Juli: Tod Otto von Bismarcks in Friedrichsruh, wo er seit 1890 lebte

Nachwort

Welche Größe muß ein Mensch haben, dessen Charakterbild wie kaum ein anderes in der Geschichte schwankt und der dennoch immer wieder, bei Freund und Feind, Respekt erheischt!

In Bismarck bündelten sich alle forces propres, die Deutschland nach der gescheiterten demokratischen Revolution von 1848/49 zu der überfälligen Nationalstaatsbildung, mithin auch zum Entstehen kapitalistischer Produktionsverhältnisse großen Stils führten. Das brauchte einen Riesen an politischem Erkenntnisvermögen, an Beharrungs- und Durchhaltekraft, das verlangte ein bis zur Skrupellosigkeit reichendes diplomatisches Geschick; und das führte unvermeidlich zu trotzdem raffiniert inszenierten, rasch aufeinanderfolgenden drei siegreichen Kriegen, um diese ›Revolution von oben‹ durchzuführen. Bismarck hat die Aufgabe bewältigt – um den Preis ihrer Erledigung: sie war getan, und nichts Neues wuchs daraus hervor. Mit dem Triumph Preußens und seines in der ganzen Welt verschrieenen Militarismus an der Spitze des Reichs, mit der Beteiligung des anachronistischen Junkertums an der Regierung eines Landes, dessen geschichtliches Subjekt eine mächtig expandierende Bourgeoisie zu werden begann, schließlich mit einer trotz Schikanen und Verboten sich selbstbewußt organisierenden Arbeiterklasse mußte Bismarck seine Erfolge nachhaltig bezahlen. Zunächst verspielte er selbst den Anschluß an die schon Jahrhunderte bewährten Demokratien des Westens, und es war nicht der spätere Verlust des Gleichgewichts der Kräfte, woran das von ihm geschaffene Kaiserreich dann scheiterte.

Im persönlichen Verkehr mit seiner Umwelt, in der Kommunikation mit der Familie und den Freunden, speziell in Briefen an seine Frau, erscheint Bismark nicht ausschließlich als Privatmann. Und so ist die hier vorgestellte Sammlung nicht »für den Hausgebrauch« gedacht, in der seine Johanna als Hüterin familiärer Sanftheit erschiene: diese

Briefe sind kein, wie es der bürgerlich-modischen Ehrauffassung um die letzte Jahrhundertwende entsprechen würde, »Handbuch der liebenden Herablassung« des Gatten gegenüber der Gattin. Sie zeigen zwei liebende Menschen, die sich durchaus nicht alles »schenkten«.

Für den Historiker werden diese Briefe wegen ihrer ungeschminkten Geschichtlichkeit besonders wertvoll sein. Otto von Bismarck brachte hier als Deichhauptmann, Abgeordneter immer höheren Ranges (zuletzt im Frankfurter Deutschen Bundestag), Gesandter oder Botschafter (besonders in Petersburg und Paris), dann als preußischer Ministerpräsident und schließlich als Reichskanzler (ab 1871) die »hohe Politik« in das briefliche Gespräch ein und bewahrte es vor Provinzialismus und Indiskretion – bei Johanna war alles gut aufgehoben. Daß diese selbst nicht direkt in Erscheinung tritt, mit eigenen Briefen (was allemal den Publikationswert einer solchen Korrespondenz erhöht), ist zu einem Teil eine Sache der Überlieferung (es ist hierarchischer Haltung geschuldet, daß beispielsweise Goethes Partnerbriefe erst nach fast zwei Jahrhunderten in ›Regest-Bänden‹ wenigstens dem Inhalte nach publik gemacht wurden), aber natürlich auch – und das ist keine Herabsetzung – eine Sache des nicht ganz so hohen Interessantheitsgrades der überlieferten Briefe Johannas. Johannas Hauptrolle bestand darin, *da* zu sein und nicht unbedingt darin, *mit* zu wirken.

Ein Paukenschlag dieser Edition und, so weit ich sehe, in allen vorhergehenden Editionen von Bismarcks Briefen an Johanna ist mit dem Anfang gegeben: in einem besonders wohldurchdachten Brief an Johannas Vater, Herrn Heinrich von Puttkamer, hält Bismarck, Sitte und Brauch folgend, Ende Dezember 1846 »um die Hand Ihrer Fräulein Tochter« an. Vielleicht fiel man damals in junkerlichen Kreisen nicht so mit der Tür ins Haus, jedenfalls war der Schwiegervater in spe konsterniert: »Es ist mir«, so wird der Briefempfang bezeugt, »wie dem Ochsen, dem der Fleischer mit dem Beil vor den Kopf schlägt.« Überraschung ist der halbe Sieg, Bismarck erscheint, um lange Verhandlungen zu vermeiden, wie der Blitz im Elternhaus Johannas in Reinfeld und erklärt sich nunmehr noch entschiedener, ohne Worte, durch

»eine entschlossene accolade« (Umarmung). »Gleich beim ersten Anblick«, schilderte er hinterher, »binnen fünf Minuten (hätte er) das alles
in Richtigkeit« gebracht.

So unmittelbar-sinnlich stellt sich der Brief selbst nicht dar, statt dessen räumt der Brautwerber seiner eigenen weltanschaulich-religiösen
Entwicklung den größten Teil ein. Johanna entstammt einer protestan-
tisch-pietistischen Familie. Im hinterpommerschen Milieu war diese
– oft in pure Verinnerlichung mündende, trotzdem nicht sektiererhaft-
erstarrte Richtung – sehr im Schwange. Und Bismarck hatte sich klug
darauf präpariert, die buchstäbliche ›Gretchenfrage‹ zur Zufriedenheit
der Puttkamers beantworten zu können. Und nicht nur das geistige
Credo war gefragt, sondern mindestens ebensosehr der weltliche Ruf:
Bismarck galt nach seinem bisherigen Lebenswandel als »toller Junker«. Geschickt versteht er, seiner Beteuerung, sich zu bessern, mit dem
biederen Hinweis auf die Allgüte des Herrn Nachdruck zu verleihen.

Johanna, vielleicht unter dem Einfluß der Jungmädchenschwärme-
rei in den pietistischen Elternhäusern ihrer Freundinnen, sträubte sich
in der Verlobungszeit gegen die stürmischen Totalitätsansprüche ihres
künftigen Mannes. Statt Einordnung und Unterordnung selbst in geistigen und geistlichen Dingen plädierte sie dafür, daß Bismarck noch
einmal stärker in sich gehen müsse. Die brieflichen Reaktionen Bismarcks gehören wohl zu den schönsten Toleranzedikten, die wir von
ihm kennen. Nichtsdestoweniger fordert er von Johanna, was sie ihm
umstandslos gewährt: die bedingungslose Kapitulation. Es ist rührend
anzusehen und grimmig anzumerken. (Müssen sogar große Persön-
lichkeiten gegenüber dem Weibe den Riesen herauskehren, der am
Ende auch daheim nur als Despot zu gerieren sich getraut?)

Unbestreitbar ist Bismarck ein Ausbund an Patriarchentum und
Monarchentreue: als die 48er Revolution ausbricht und die Volksmas-
sen auf die Straßen gehen, hat er allen Ernstes vor, in eigener Macht-
vollkommenheit alle seine Gutsknechte, ja alle erwachsenen Männer
innerhalb seiner junkerlichen Gerichtshoheit zu bewaffnen und zur
Rettung des Königs zu führen – die gottgewollte Ordnung sollte nicht

angetastet werden. Geraume Zeit später schrieb er (an Hermann Hofmann): »Der Gegensatz zwischen Arbeitgebern und Arbeitnehmern ist so alt wie die Welt. Er beruht auf einem Naturgesetz und kann niemals abgeschafft werden ... Der Schöpfer hat die Menschen verschieden erschaffen und mit ungleichen Fähigkeiten ausgerüstet. Die Verschiedenheit der Individuen, der Rassen und Völker und ihrer Leistungen bildet eine der wichtigsten Voraussetzungen der Menschheit in unausgesetztem Wettkampf um Erfolg und Fortschritt.« In jederlei Gestalt heiliggesprochen gilt dem jungen Gutsbesitzer wie dem mächtigen Reichskanzler die Eigenheit und das Eigentum als eine Art anthropologische Konstante; soziale Probleme behandelt er fast nur unter parteipolitischem Aspekt.

Freilich steht Bismarck damit auf dem Urteilsniveau der Herrschenden im Preußen und Deutschland seiner Tage. Doch verfügte er in der Geschichte seines Landes wie kein anderer (Friedrich II. von Preußen ausgenommen) über einen politischen Verstand und eine reale Machtfülle, die ihn jene Herr-und-Knechtsideologie gleichermaßen erfolgreich für die längst fällige nationale Einigung (als einen auch internationalen Fortschritt) instrumentalisieren ließ. Diplomatische Mäßigung wurde sehr relativiert durch barbarische Ausbrüche. Hatte Friedrich II. (man will hoffen, nur einer Legende nach) auf dem Schlachtfeld einem vor Todesqualen schreienden Jüngling befohlen: »Stirb er anständig, Junker!«, so ist das preußischer Absolutismus in Reinkultur. Hatte Bismarck 1870 nach Sedan aufgrund von Nachrichten über die Angriffe von Franktireurs auf die deutschen Soldaten den Antrag gestellt, bei den Kämpfen der Truppen keine Gefangenen mehr zu machen, die verwundeten Feinde also gleich zu töten, so ist das barbarische Radikalisierung von Kriegsregeln bereits in imperialistischem Ausmaß.

Es ist nicht nur das »Hohe« und das »Niedrige«, in welches Bismarck die Menschenwelt so unverrückbar geteilt wissen wollte, sondern auch das »Innen« und das »Außen«, die »Deutschen« und die »Anderen«. Ein Mann wie Bismarck, der trotz seiner äußeren Grobschlächtigkeit für seinen Charme, seine Schlagfertigkeit und seinen Witz auf dem diplomatischen Parkett und bei Hofe bekannt war, mußte diesen Ruf desavouieren, wenn er stammtischgemäß die europäischen Völker nach ihrem je unterschiedlichen Wert beurteilte – heute heißt so etwas populistisch, und es gelangt Gift in den Stolz, den er doch wecken wollte, und es blieb haften für Generationen.

Das alles verraten die Briefe unter anderem, gewissermaßen schwarz auf weiß, doch gewiß nicht als Schwarz/Weiß-Kontrast. Die junge Frau ist offenkundig dauerhaft glücklich an der Seite dieses Mannes, wie dieser seinerseits bekannte, nur bei ihr wahrhaft zu Hause zu sein. Keine Spur von Leutseligtun und Herablassung; der Brief vom 22. Juni 1847 beweist es durch Ironie: »Vorgestern waren wir bei unserm Freunde dem Könige, und wurde ich von den hohen Herrschaften sehr verzogen, und bin nun so stolz, daß ich immer über Deinen Kopf wegsehen werde, und nur in seltnen Augenblicken der Herablassung mein Auge zu Deinem schwarz-grau-blauen niederschlagen.«

Mit welcher Reife beide in spannungsgeladenem Moment miteinander umgingen – wo zu allen Zeiten und in den meisten Fällen der intimste und besitzbewußteste aller inadäquaten Affekte, die Eifersucht, die Beziehung bis auf den Grund zu erschüttern vermag –, zeigt Bismarcks Brief vom 19. August 1862, während er als Botschafter in Frankreich Ferien am Golf von Biscaya machte und dort sich in »die reizendste aller Frauen, die Du sehr lieben wirst…« sterblich verliebt hatte. Er gesteht es ohne Ziererei, sie toleriert es freundlich, ohne Gleichgültigkeit. Das hat Stil. Die Schwärmerei, vielleicht Liebelei, war von kurzer Dauer. Bismarck ist viel auf Reisen, das brachte sein Beruf als Diplomat mit sich. Politiker müssen, modern gesagt, eine starke Kondition haben. Bismarck hatte sie in enormem Maße, dennoch klagte er Johanna wiederholt über die physischen Strapazen seines Berufs. Kompensiert wird diese Selbstsicht durch spätere Schilderungen von Untergebenen, die als leidgeprüfte Zeitzeugen das wahnsinnige Tempo der Dienstabläufe beim Chef und dessen Arbeitswut bekunden.

Johanna hingegen ist von zierlicher Statur, schon erste Daguerreotypien zeigen eine sehr schlanke, für ihre Jahre ein wenig ältlich wirkende, den einen Mundwinkel leidvoll herabziehende Dame. Die Bauern in Schönhausen, Bismarcks Heimatdorf, sollen, als Johanna nach der Hochzeit dort einzog, gesagt haben: »Von's schöne Geschlecht ist unsere Gnädige aber nicht.« Solche Urteile haben den Vorzug, nicht zu dauern, wie die Schönheit ja auch nicht: Spätere Porträts widerlegen hinsichtlich Frische, herzlichem Ausdruck und auch Liebreiz das frühe. Überdies wollte Johanna nicht kokettieren, eine gewisse Schüchternheit muß selbst noch »Ihre Durchlaucht« eingehüllt haben. Liebevoll resignierend konstatierte Bismarck, daß Johanna wohl nun nicht mehr eine »Gesellschaftsdame« bei Hofempfängen und dergleichen werden wolle und ihr Französisch aufzubessern gedenke. Ein sympathischer Zug.

Daß sie in fortgeschrittenem Lebensalter, wenn ihr Mann dienstlich unterwegs war, am Flügel sich nicht mehr wie früher einer Beethoven-Sonate oder Chopin-Polonaise hingab, sondern einem Strauß-Walzer, daß sie lieber ins Operetten-Theater als in die Oper ging, mag man als Niedergang des Geschmacks oder freimütige Aufdeckung ihres eigentlichen Geschmacks mißbilligen – ich halte es mit Brechts »Unwürdiger Greisin«, die, auf sich allein gestellt, zum Souverän über all ihre Lebensentscheidungen wird.

Den ausgewählten 31 Briefen Einblicke in biographische oder zeitgeschichtliche Zusammenhänge anzufügen, ist in diesem Rahmen nicht möglich. Die Briefe haben ihr besonderes spezifisches Gewicht nicht nur ihrem berühmten (zeitweilig auch berüchtigten) Autor zu verdanken, sondern auch der außerordentlichen historischen Ära, die nicht zuletzt so außerordentlich durch Bismarck selbst geworden ist. Einen Anreiz zum tieferen Verstehen dieses Mannes können sie dennoch wohl geben, sicher ebenso zur fundierten Kritik. Unter historischem Aspekt reicht die Thematik der Briefe vom Vormärz bis zur Entlassung Bismarcks durch Kaiser Wilhelm II., unter persönlichem Aspekt vom Brautwerbebrief bis zu Johannas Tod. Bismarcks Stil verrät sein Temperament, die Kunst zu formulieren, so daß seine Briefe durchaus literarischen Rang besitzen, und die Freude am Erzählen, beispielsweise, wenn er seine Reiseeindrücke in Ungarn oder in St. Petersburg festhält. Aus einigen Briefen spricht das bedeutende Ereignis, an dem Bismarck gerade teilhat. Exorbitant erscheint so seine Schilderung gegenüber Johanna vom Ende der Schlacht von Sedan sowie die Gefangennahme des Kaisers Napoleon III. durch Bismarck. Doch auch die kleinen Dinge, die dann durch Bismarcks Schreibkunst wiederum so klein nicht sind, wie sie zunächst erscheinen, sind natürlich Gegenstand der Nachrichten des Mannes an die Frau. Geht man diese Briefe nicht nur durch, sondern läßt man sie durch sich hindurchgehen, so bleibt neben Erinnernswertem aus der Geschichte der Eindruck von: Gescheitheit, Schlichtheit und Souveränität.

Jürgen Teller

Text- und Bildnachweis

Die Texte folgen der Ausgabe:
Fürst Bismarcks Briefe an seine Braut und Gattin. Hg. vom Fürsten Herbert von Bismarck. Stuttgart: J. G. Cotta'sche Buchhandlung Nachfolger, 1900.

Die Orthographie der Briefe wurde behutsam heutiger Schreibung angeglichen, ohne Eingriffe in den Lautstand oder die Groß- und Kleinschreibung. Die Zeichensetzung blieb gleichfalls unangetastet, ebenso die Schreibung von Namen und Orten.

Die Abbildung auf Seite 36 wurden gleichfalls obiger Ausgabe entnommen.

Inhalt